歌って覚える 英文法

前置詞編
CD付

イングリッシュビタミン 著

中経出版

はじめに

「日本人は、文法は得意」とよく耳にします。

しかし、本当にそうでしょうか？　私はシリコン・バレーでアメリカ人の仲間たちとイングリッシュビタミン社を設立し、これまで数多くの日本人に、英語やアメリカ流コミュニケーションを教えてきました。そして、日本人には、知識はあっても、実際に話したり書いたりすると、文法をきちんと使えない人が非常に多いことに気付いたのです。理由は、ネイティブが使う慣用句や英語の文化に慣れていないこと。これでは、自分の意見を述べて初めて一人前とされるアメリカでの生活には役に立ちません。

そこで生まれたのがこの本です！　カリフォルニア・ロックを聞き、カラオケで一緒に歌う。歌詞を覚えてしまえば、その文法によって表現されている「気持ち」を理解できる。頭で考えるのではなく、身体に染み込ませることで、英語の基礎文法が楽しく身につく。それが、このシリーズの趣旨です。

私自身、子どものころから洋楽が大好きで、いつも口ずさんでいました。例えば、ビートルズの「シー・ラヴズ・ユー」。意味もわからないまま、She loves you, yeah, yeah, yeah と歌っていたおかげで、中学で第二文型の SVO を習ったとき、すんなりと頭に入ってきました。あるいは、カーペンターズの「イエスタデイ・ワンス・モア」。日本人学習者は、listen to the radio の to や、waiting for my favorite song の for を落としがちなのですが、くり返し彼らの曲を聞いて一緒に歌っていた私の身体には、感覚がしっかり染みついています。

洋楽には素晴らしい曲がたくさんありますが、問題は、学習用に作られているわけではないので、特定の英文法の使い方を身につける、という意味では、やや効率が悪い点です。それに対し、本書に収録している曲には、次のような特長があります。

1. 使用頻度が高い9つの前置詞を取り上げ、歌詞に各前置詞を集中的に取り入れてあります。
2. 歌詞は、その前置詞の中で最も使用頻度が高い用法が含まれているものを中心に選定しており、ネイティブが使う言い回しが、慣用表現も含め、効率よく身につきます。
3. 学習者が聞き取り、歌いやすいよう、はっきり発音されています。

音楽的にも、妥協は一切ありません。すべてアメリカ人ミュージシャンが作詞作曲を手掛けたオリジナル曲で、歌詞にはアメリカの若者の気持ちがぎっしり詰まっています。本書の曲を聞けば、このカリフォルニアの果てしなく青い空と海が、あなたにもきっと見えてくるはずです。

それでは、私たちイングリッシュビタミンが総力を挙げて取り組んできた『歌って覚える英文法［前置詞編］』をお楽しみください！

2007年2月初旬
マウンテンビューの自宅にて
イングリッシュビタミン代表
八巻ルリ子

INDEX

歌って覚える英文法——目次

はじめに ··· 3
この本の特長 ·· 8
この本の使い方 ··· 10

前置詞 at
CD Track 1（カラオケ版 Track 10） ················· 15

「Rock 'n' Girl」歌詞　原文と解説 ······················· 16
「Rock 'n' Girl」歌詞　日本語訳 ··························· 18
　前置詞 at の使い方 ··· 20
　at を使って英会話！ ··· 27
　理解度チェック問題 1, 2 ···································· 30
　理解度チェック問題　解答と解説 ······················· 32

前置詞 in
CD Track 2（カラオケ版 Track 11） ················· 35

「In the Summertime」歌詞　原文と解説 ············ 36
「In the Summertime」歌詞　日本語訳 ··············· 38
　前置詞 in の使い方 ··· 40
　in を使って英会話！ ··· 51
　理解度チェック問題 1, 2 ···································· 54
　理解度チェック問題　解答と解説 ······················· 56

前置詞 on
CD Track 3（カラオケ版 Track 12） ················· 59

「Michelle」歌詞　原文と解説 ······························ 60
「Michelle」歌詞　日本語訳 ·································· 62
　前置詞 on の使い方 ·· 64
　on を使って英会話！ ·· 75
　理解度チェック問題 1, 2 ···································· 78
　理解度チェック問題　解答と解説 ······················· 80

前置詞 of　　Track 4（カラオケ版 Track 13）……83

「Head of the Class」歌詞　原文と解説 …… 84
「Head of the Class」歌詞　日本語訳 …… 86
　前置詞 of の使い方 …… 88
　of を使って英会話！ …… 99
　理解度チェック問題 1, 2 …… 102
　理解度チェック問題 解答と解説 …… 104

前置詞 by　　Track 5（カラオケ版 Track 14）……107

「By My Side」歌詞　原文と解説 …… 108
「By My Side」歌詞　日本語訳 …… 110
　前置詞 by の使い方 …… 112
　by を使って英会話！ …… 123
　理解度チェック問題 1, 2 …… 126
　理解度チェック問題 解答と解説 …… 128

前置詞 to　　Track 6（カラオケ版 Track 15）……131

「To Love a Girl」歌詞　原文と解説 …… 132
「To Love a Girl」歌詞　日本語訳 …… 134
　前置詞 to の使い方 …… 136
　to を使って英会話！ …… 145
　理解度チェック問題 1, 2 …… 148
　理解度チェック問題 解答と解説 …… 150

前置詞 from　　Track 7（カラオケ版 Track 16）……153

「Hear It From You」歌詞　原文と解説 …… 154
「Hear It From You」歌詞　日本語訳 …… 156
　前置詞 from の使い方 …… 158
　from を使って英会話！ …… 163
　理解度チェック問題 1, 2 …… 166
　理解度チェック問題 解答と解説 …… 168

CD Track 8（カラオケ版 Track 17）

前置詞 for ··· 171

「For Days, for Years, Forever」歌詞　原文と解説 ················ 172
「For Days, for Years, Forever」歌詞　日本語訳 ················· 174
　前置詞 for の使い方 ··· 176
　for を使って英会話！ ·· 185
　　理解度チェック問題 1, 2 ··································· 188
　　理解度チェック問題　解答と解説 ····························· 190

CD Track 9（カラオケ版 Track 18）

前置詞 with ·· 193

「With English Vitamin」歌詞　原文と解説 ······················· 194
「With English Vitamin」歌詞　日本語訳 ························· 196
　前置詞 with の使い方 ·· 198
　with を使って英会話！ ······································· 207
　　理解度チェック問題 1, 2 ··································· 210
　　理解度チェック問題　解答と解説 ····························· 212

イングリッシュビタミンについて ································· 216
English Zone 紹介 ··· 218

付録CD

- Track 1 ▶ Rock 'n' Roll Girl (at)
- Track 2 ▶ In the Summertime (in)
- Track 3 ▶ Michelle (on)
- Track 4 ▶ Head of the Class (of)
- Track 5 ▶ By My Side (by)
- Track 6 ▶ To Love a Girl (to)
- Track 7 ▶ Hear It From You (from)
- Track 8 ▶ For Days, for Years, Forever (for)
- Track 9 ▶ With English Vitamin (with)
- Track 10 ▶ Rock 'n' Roll Girl（カラオケ版）
- Track 11 ▶ In the Summertime（カラオケ版）
- Track 12 ▶ Michelle（カラオケ版）
- Track 13 ▶ Head of the Class（カラオケ版）
- Track 14 ▶ By My Side（カラオケ版）
- Track 15 ▶ To Love a Girl（カラオケ版）
- Track 16 ▶ Hear It From You（カラオケ版）
- Track 17 ▶ For Days, for Years, Forever（カラオケ版）
- Track 18 ▶ With English Vitamin（カラオケ版）

収録時間：約56分
全曲　作詞作曲・歌：マイケル・ヒル
© English Vitamin, LLC

本文デザイン：浦郷和美／本文イラスト：ナゴミ

この本の特長

曲はすべてシリコン・バレー直送！

付録CDに収録されている曲はすべてシリコン・バレーに本拠地を置くイングリッシュビタミン社によるオリジナル曲です。楽曲はすべて本格派のアメリカ人ミュージシャンが作詞・作曲・歌を手がけており、カリフォルニア文化の「今」を肌で感じられる曲調・歌詞になっています。

計算しつくされたオリジナル歌詞！

付録CDに収録されている曲の歌詞には、特定の前置詞を随所に自然な形で織り込んであります。歌詞を味わいながら曲をくり返し聞くだけで、それぞれの前置詞の使い方が、きわめて自然に身につきます。

音楽として純粋に楽しめるクオリティの高い楽曲！

音楽で英語を覚えるには、その曲を何度も聞きたいと思うことが第一の条件です。この本は、文法書だからといって、音楽に妥協は一切ありません！ 思わず口ずさみたくなるメロディーと、聞き取りやすい歌い回しを実現しました。

最もよく使う前置詞をピックアップ！

英語にはたくさんの前置詞がありますが、この本では、最も使用頻度が高い9つの前置詞、at、in、on、of、by、to、from、for、withを選びました。それぞれの前置詞を用法ごとに解説し、付録CDに収録されている曲の歌詞の中での使われ方や意味も説明しています。

間違えやすい点を重点的に解説！

シリコン・バレーで数多くの日本人を教えてきたイングリッシュビタミンの教師陣が、日本人が特に間違えやすいポイントを説明しています。わかりにくかった部分もすっきり解決！

ネイティブの言い回しが身につく！

この本の中に登場する例文は、イングリッシュビタミンでネイティブの社員が使うような文を元にしています。この本で紹介している口語表現や会話例を覚えれば、ネイティブの自然な英語が身につきます！

この本の使い方

歌詞を見る

この本の付録 CD に収録されている曲はすべて、特定の前置詞がくり返し登場するよう、計算して作られたものです。曲の歌詞は全文掲載しているので、耳で聞くだけでは聞き取れなかった箇所も完ぺきにわかります！
曲に出てくる各前置詞には、用法ごとに番号が振られています。後のページの解説と照らし合わせて、それぞれの前置詞がどのように使われているか理解しましょう。

CD を聞く&歌う

この本の付録 CD には、原曲だけでなく、ボーカルが入っていないカラオケ版も収録されています。まずは原曲をよく聞いて、メロディーを覚えたら自分でも歌ってみましょう。歌うときのポイントは、それぞれの前置詞が持つイメージを頭に浮かべながら歌うこと！

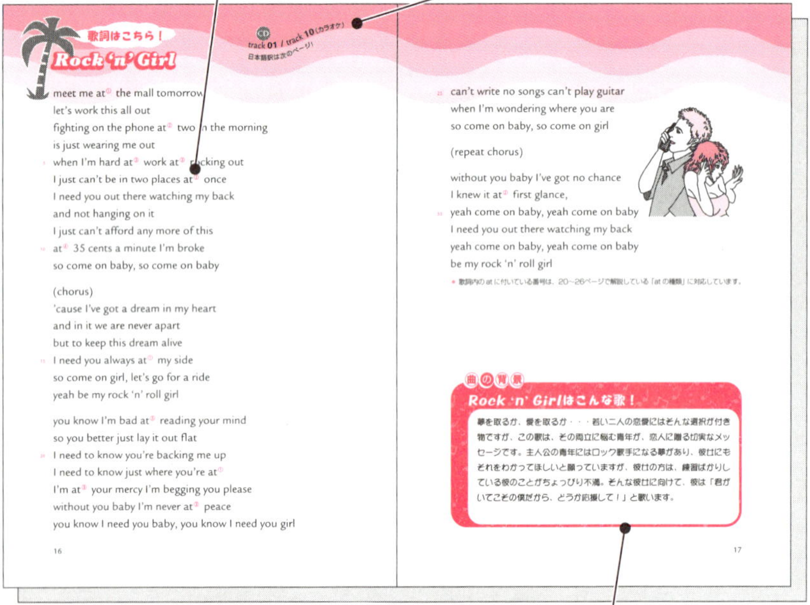

曲のフィーリングをつかむ

一つ一つの曲には、テーマやメッセージが込められています。誰が誰に向けて、どんな状況で歌っている歌なのか、という曲の背景を読んで、それぞれの曲をより深く味わいましょう！

★ 日本語訳を読む

完全な日本語訳がすぐ次のページに載っているので、意味のわからない部分を残しません！ 原文歌詞と行ごとに対応している日本語訳を見て、わかりにくかった部分を確認しましょう。

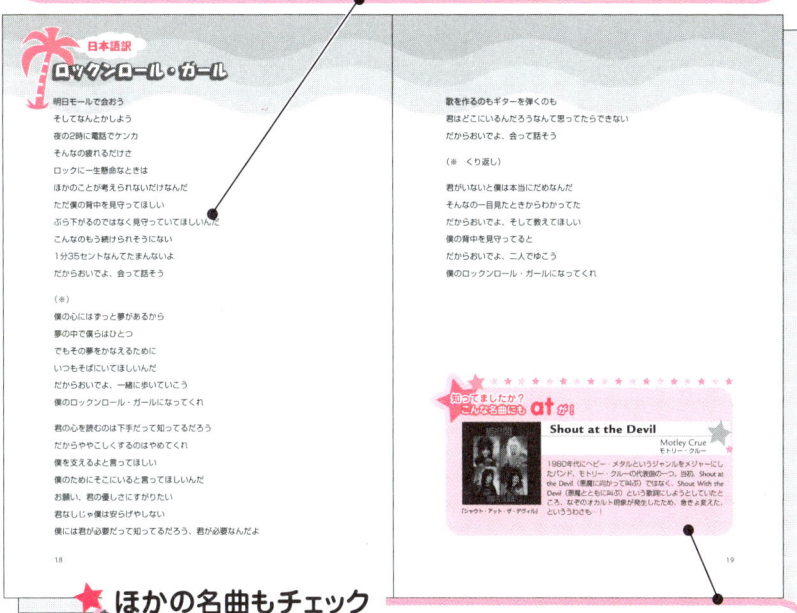

★ ほかの名曲もチェック

ここでは、曲中に特定の前置詞がくり返し登場する名曲を紹介しています。「これまで前置詞はあまり気に留めてこなかった」「カラオケでは前置詞を適当にごまかしていた」というあなたも、それぞれの前置詞が持つイメージを理解していると、おなじみの名曲の歌詞がまるで違って聞こえてくるでしょう！

★ 携帯音楽プレーヤーで歌詞を見ながら音楽を聞こう！ ★

iPodの対応機種、その他テキストビューワーが付いた携帯音楽プレーヤーでは、曲の歌詞を登録し、曲を聞きながら、あるいはカラオケ版で一緒に歌いながら、歌詞を表示させることができます。「外でも歌詞を見ながら曲を聞きたい！」という皆さんのために、この本に収録されている曲の歌詞は、すべてインターネット上で公開しています（閲覧には無料の会員登録が必要です）。
English Zone WEB (http://www.englishzone.jp/) にアクセスし、各曲の歌詞をコピー＆ペーストしてお使いの音楽プレーヤーにご登録ください。

※ 歌詞の登録方法は機種によって異なるので、手順につきましてはお使いの機種の利用方法をご確認ください。

〔ご注意〕お使いのPCによってはCDを再生できない場合があるかもしれません。PCから携帯音楽プレーヤーにデータを移行する方法は、お使いの携帯音楽プレーヤーの説明書に従ってください。

★ 前置詞をじっくり学ぶ

それぞれの前置詞の意味や使い方を、用法別に丁寧に解説しています。各用法に付いた番号は、前のページの歌詞に出てくる前置詞に振られた番号と対応しています。シンプルに、わかりやすく書かれているので、これまで理解があいまいだった前置詞もすんなりわかります!

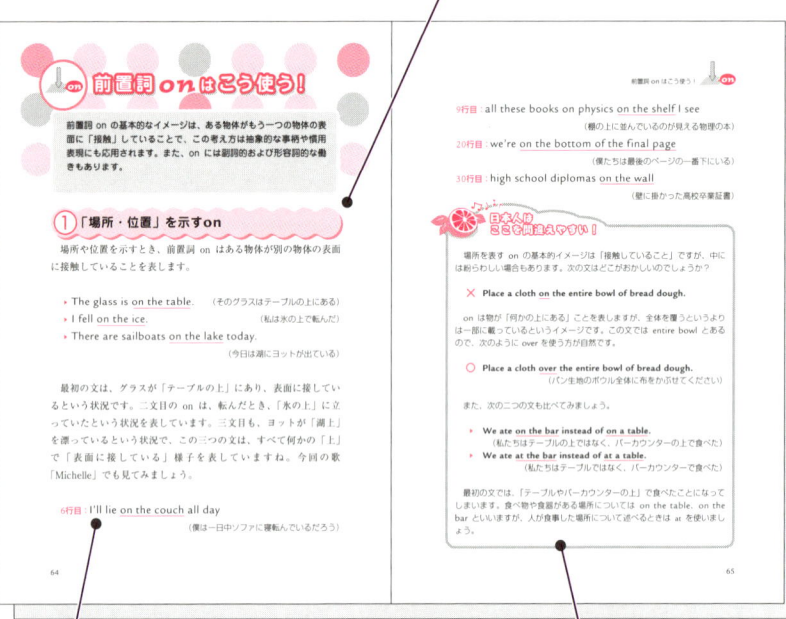

★ 歌詞に出てくる前置詞を復習

歌詞に登場する、前置詞を含む行を状況やニュアンスも含めて解説しています。曲や歌詞を思い浮かべながら解説を読んでいきましょう。

★ 間違えやすいポイントがわかる

正確に使うことが難しい前置詞の中でも、特に日本語を母語とする人に多く見られる間違いを解説しています。「読む」「聞く」から一歩進んで、「書く」「話す」ときに役立つコラムです!

この本の使い方

★ 会話表現もしっかり覚える

前置詞は、歌だけでなく日常会話にもとても頻繁に登場します。ここでは、特に会話でよく聞かれる表現をネイティブがピックアップし、会話例とともに紹介しています。会話の中で前置詞を含む表現を自然に使えれば、英語を「使える度」は一気にアップ！ 覚えた表現は積極的に使うようにしましょう。

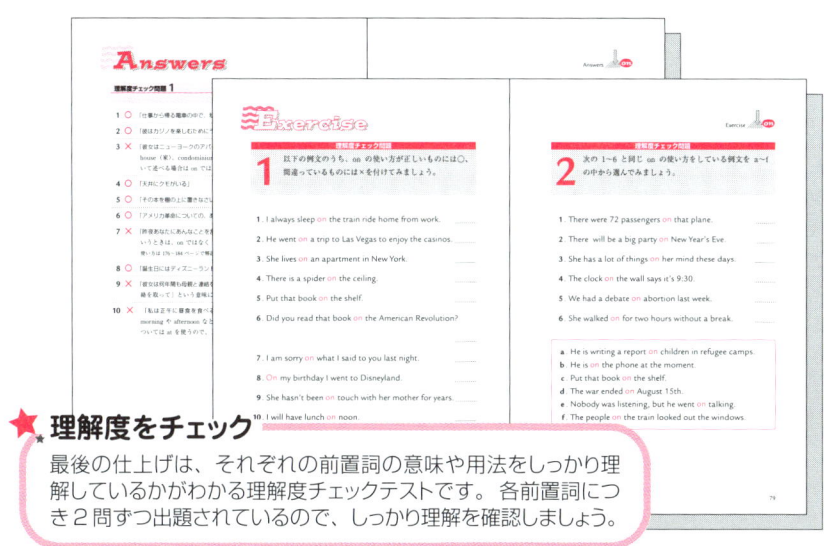

★ 理解度をチェック

最後の仕上げは、それぞれの前置詞の意味や用法をしっかり理解しているかがわかる理解度チェックテストです。各前置詞につき2問ずつ出題されているので、しっかり理解を確認しましょう。

13

前置詞

at

曲：Rock 'n' Girl
（ロックンロール・ガール）

Track 1

Karaoke Track 10

meet me at① the mall tomorrow
let's work this all out
fighting on the phone at② two in the morning
is just wearing me out
when I'm hard at③ work at③ rocking out
I just can't be in two places at② once
I need you out there watching my back
and not hanging on it
I just can't afford any more of this
at④ 35 cents a minute I'm broke
so come on baby, so come on baby

(chorus)
'cause I've got a dream in my heart
and in it we are never apart
but to keep this dream alive
I need you always at① my side
so come on girl, let's go for a ride
yeah be my rock 'n' roll girl

you know I'm bad at⑤ reading your mind
so you better just lay it out flat
I need to know you're backing me up
I need to know just where you're at①
I'm at③ your mercy I'm begging you please
without you baby I'm never at③ peace
you know I need you baby, you know I need you girl

can't write no songs can't play guitar
when I'm wondering where you are
so come on baby, so come on girl

(repeat chorus)

without you baby I've got no chance
I knew it at ② first glance,
yeah come on baby, yeah come on baby
I need you out there watching my back
yeah come on baby, yeah come on baby
be my rock 'n' roll girl

＊ 歌詞内の at に付いている番号は、20～26ページで解説している「atの種類」に対応しています。

曲の背景
Rock 'n' Girl はこんな歌！

夢を取るか、愛を取るか・・・若い二人の恋愛にはそんな選択が付き物ですが、この歌は、その両立に悩む青年が、恋人に贈る切実なメッセージです。主人公の青年にはロック歌手になる夢があり、彼女にもそれをわかってほしいと願っていますが、彼女の方は、練習ばかりしている彼のことがちょっぴり不満。そんな彼女に向けて、彼は「君がいてこその僕だから、どうか応援して！」と歌います。

日本語訳

明日モールで会おう

そしてなんとかしよう

夜の2時に電話でケンカ

そんなの疲れるだけさ

ロックに一生懸命なときは

ほかのことが考えられないだけなんだ

ただ僕の背中を見守ってほしい

ぶら下がるのではなく見守っていてほしいんだ

こんなのもう続けられそうにない．

1分35セントなんてたまんないよ

だからおいでよ、会って話そう

(※)

僕の心にはずっと夢があるから

夢の中で僕らはひとつ

でもその夢をかなえるために

いつもそばにいてほしいんだ

だからおいでよ、一緒に歩いていこう

僕のロックンロール・ガールになってくれ

君の心を読むのは下手だって知ってるだろう

だからややこしくするのはやめてくれ

僕を支えるよと言ってほしい

僕のためにそこにいると言ってほしいんだ

お願い、君の優しさにすがりたい

君なしじゃ僕は安らげやしない

僕には君が必要だって知ってるだろう、君が必要なんだよ

歌を作るのもギターを弾くのも

君はどこにいるんだろうなんて思ってたらできない

だからおいでよ、会って話そう

（※　くり返し）

君がいないと僕は本当にだめなんだ

そんなの一目見たときからわかってた

だからおいでよ、そして教えてほしい

僕の背中を見守ってると

だからおいでよ、二人でゆこう

僕のロックンロール・ガールになってくれ

知ってましたか？
こんな名曲にも at が！

「シャウト・アット・ザ・デヴィル」

Shout at the Devil

Motley Crue
モトリー・クルー

1980年代にヘビー・メタルというジャンルをメジャーにしたバンド、モトリー・クルーの代表曲の一つ。当初、Shout at the Devil（悪魔に向かって叫ぶ）ではなく、Shout With the Devil（悪魔とともに叫ぶ）という歌詞にしようとしていたところ、なぞのオカルト現象が発生したため、急きょ変えた、といううわさも…！

 # 前置詞 at はこう使う！

> 前置詞 at の基本的な性質は「点」を示すことで、①「場所・位置」や②「時間」を示す際は、特定の「地点」や「時点」を表すイメージです。また、at は③「状態」、④「割合・価格」、⑤「評価」、⑥「方向」を示すためにも使われます。

①「場所・位置」を示すat

前置詞 at は、比較的狭い場所や地点を示すために使われます。今回の歌「Rock 'n' Girl」で見てみましょう。

1行目：meet me <u>at the mall</u> tomorrow
　　　　　　　　　　　　　　（明日ショッピング・モールで会おう）

21行目：I need to know just where you're <u>at</u>
　　　　　　　　　　　　　　（君がどこにいるのか知っておきたい）

最初の一節では、at は「ショッピング・モール」という特定の場所を示しています。二つ目の節でも、at は場所を示していますが、この場合、物理的な場所というより、立場という意味での「場所」と考えられます。where you're at の代わりに where you are ということもできますが、at を使うことによって、より明確な答えを求めていることが感じられます。

場所を示す前置詞は、ほかにもいくつかありますが、at のもう一つの特徴は、その場所が何らかの行動を暗示するものでなければならないことです。例えば、次のような文があります。

前置詞 at はこう使う！

▸ He is at the park.　　　　　　　　　　（彼は公園にいる）

　at the park には、主語である彼が、「公園で」一般的に行われるようなことをしている、というニュアンスが含まれます。聞き手は、彼が「公園で」散歩、ピクニック、運動などをしていることを想像することができます。at は、実際に具体的な行動には言及せずとも、その場所で一般的に行われる行動を示唆しているのです。では、間違った使い方を見てみましょう。

✗ He is at America.

　この文では、アメリカという国とセットで考えられる「典型的な行動」というものは存在しないので、at を使うことができません。正しくは at ではなく in です。

②「時間」を示すat

次に、at が時間を示す例を見てみましょう。

3行目：fighting on the phone at two in the morning
　　　　　　　　　　　　　　　（午前2時に電話でケンカ）

　この一節の two in the morning という表現は、ある特定の時刻を指します。時間を示す at に続くのは、このように限定された時間を表す言葉に限られます。ほかの例も見てみましょう。

- I eat lunch at noon. （私は正午に昼食を食べる）
- I will arrive at five o'clock. （私は5時に着く）
- The meeting starts at 3:30. （会議は3時半に始まる）

　上記の各例文で、at は、noon を含め、すべて時刻を指す言葉に使われています。midnight（午前0時）なども特定の時間を指すので、at とともに使われます。少し変わった例も見てみましょう。

6行目：I just can't be in two places at once
　　　　　　　　　　　　　　　　（一度に二カ所にはいられない）
29行目：I knew it at first glance　　　　　（一目見てわかった）

　この二つの文に出てくる時間の表現は、実際に存在する時間ではないので、特定の時間を示しているように見えないかもしれません。しかし、once（=one time）や first glance という表現で表される「時間」は、ある一回だけに限定されるので、これらも特定の時間であると考えられるのです。

　さて、時間を示す at には、一つだけ例外的に使われる場合があります。

- I cannot sleep at night. （私は夜、眠れない）

　night は、通常、日の入りから日の出までの時間帯を示すので、特定の時間を示していませんが、慣例として at が使われます。ただし、これが唯一の例外で、ほかには at が特定の時間を示さない

前置詞 at はこう使う！

言葉とともに使われることはありません。年・月・日・朝・夕方などを表す言葉とともに使われることはないので、次のような文は間違った使い方となります。

× I met him at February.
× She will become 30 at the 17th of April.
× He has an interview at Wednesday.

これらはすべて、その月や 24 時間の中の「いつ」なのか特定されていないため、at は使えません。正解は以下のとおりです。

〇 I met him in February. 　　　　　　　（彼と2月に会った）
〇 She will become 30 on the 17th of April.
　　　　　　　　　　　　　　　　　（彼女は4月17日で30歳になる）
〇 He has an interview on Wednesday.
　　　　　　　　　　　　　　　　　　（彼は水曜日に面接を受ける）

③「状態」を示す at

前置詞 at は、状態を示す場合もあります。

22行目：I'm at your mercy 　　　　　（僕は君の思うがままだ）
23行目：without you baby, I'm never at peace
　　　　　　　　　　　　　（君がいないと僕に安らぎはやってこない）

最初の一節の mercy は「慈悲」という意味で、at one's mercy

という表現は、「〜の慈悲の心にかかっている」という意味です。この例文では、主語の僕が置かれている状況を示しています。「僕の未来は、君の心次第」、つまり彼女が二人の恋の行方を決める、という状況です。二つ目の節の at peace という表現は「安らかな気持ちで」という意味で、「君がそばにいないと不安でたまらない」という僕の心の状態を表しています。

▸ The criminal seemed at ease despite being in prison.
（犯人は刑務所にいるにもかかわらず気楽そうだった）
▸ The city is at its best in late April.
（その町は、4月下旬が最高だ）

上の二つの例文でも、at は、それぞれ ease（気楽さ）と its best（それがベストの状態）という「状態」を示しています。このとき、注意すべき点は、at の後ろには必ず状態や状況を表す名詞や名詞句が続くことです。

○ The company is at risk of bankruptcy.
（その会社は倒産する危険がある）
✕ The company is at risky of bankruptcy.

最後に、歌詞の中から、やや特殊な例を見てみましょう。

5行目：when I'm hard at work at rocking out
（ロックに一生懸命なとき）

前置詞 at はこう使う！ ★at

　この一節には、at が二回登場しますが、hard at work は「精を出す」、rock out は「（ロックで）盛り上がる」という意味です。つまり、hard at work at rocking out は「ロックで盛り上がることに一生懸命」という状態を示しています。

④ 「割合・価格」などを示すat

　③の「状態」とも関連していますが、前置詞 at は、割合・価格・温度などを示すこともあります。

　10行目：at 35 cents a minute I'm broke

（1分35セントなんて破産だ）

　この歌の中で、35 cents a minute（1分当たり35セント）は、彼女との電話料金の単位を指しています。ほかにも、速度や温度などを示す場合もあります。

- The meteor was traveling at 350 km per hour when it hit the Earth.　（いん石は時速350キロの速さで地球に衝突した）
- Water boils at 100 degrees Celsius.

（水は摂氏100度で沸騰する）
- She bought the shirt at half price.

（彼女はそのシャツを半額で買った）

　三文目の例の half price は、具体的な数字を持つ価格ではありませんが、このような言葉も at を使って表されます。

⑤「評価」を示す at

前置詞 at は評価を示す場合もあります。

18行目：you know I'm bad at reading your mind
　　　　　　　（僕が君の心を読むのが苦手だって知ってるだろう）

　be bad [good] at ... という表現は「〜が苦手［得意］だ」という意味です。good と bad だけでなく、excellent（卓越した）、skilled（上手な）、terrible（ひどく下手な）などの形容詞が使えます。

⑥「方向」を示す at

　最後に、この歌には登場しませんが、at は方向を示す場合もあります。

- He laughed at me when I fell.（私が転んだら、彼は私を笑った）
- She looked at the clock on the wall.（彼女は壁の時計を見た）
- The boy threw a rock at the cat.
　　　　　　　　　　　　　　（その少年はネコに石を投げた）

　この用法の at は、その文中の行為がある特定の対象に向かっていることを示しています。at は、最初の文では彼が「私に向かって」笑っている様子、二文目では彼女が「時計の方向を」見ている様子、最後の文では少年が「ネコに向けて」石を投げている様子を示しています。

at を使って英会話!

☆ at any time　　　いつ何時、今にも

A: Mom is coming home **at any time**.

B: Boy, we need to clean the kitchen right now.

A: Right, otherwise, she'll go crazy.

A：母さんが今にも帰ってくるよ。
B：うわあ、今すぐキッチンを片付けないと。
A：そうだね、じゃないと怒り狂うからね。

この表現は文字どおり「どんな時にも」「時を選ばず」という意味で、後ろに now を付けることもあります。また、この例文で使われている Boy には「少年」という意味はなく、驚き・喜び・落胆などを表す間投詞です。Oh, boy ということもあります。

☆ at present　　　　　　　　　　今現在、目下

A: How many people are coming to the barbecue?

B: At present, three people have said they are coming.

A: Only three?

A：バーベキューには何人来るの？
B：今のところ、来るって言ってるのは3人。
A：たった3人？

present は「現在」「今」という意味で、この表現は「今の時点で」という意味です。now も「今」という意味ですが、at now ということはできないので、注意しましょう。

☆ at least　　　　　　　　　　少なくとも

A: We need more people to play the game.

B: How many more?

A: We need at least three more people.

A：このゲームをするには、もっと人数が必要だよ。
B：あと何人？
A：少なくともあと3人はいる。

これは会話でも文章でもよく使われる表現です。「どんなに少なくとも」と強調する表現としては at the very least があります。また、反対に「多くとも」という場合は at most、at the very most といいます。

at を使って英会話！ ★at

★ at some point　　　ある時点で、いつかは

A: Have you started saving money for retirement?

B: Not yet.

A: Well, at some point you should start.

A：定年退職のためのお金はため始めてる？
B：まだだよ。
A：まあ、いつかは始めた方が良いよ。

この point は時間の中の「点」、つまり「時点」を示しています。似たような意味の言葉に sometime や someday がありますが、at some point は、一日のように幅のある時間ではなく、はっきりとした「点」を示しているイメージです。

★ at it　　　精を出している、忙しくしている

A: Hey! I am almost done with fixing the car.

B: While you are at it, can you also change my car's oil?

A: OK!

A：ねえ！　もうすぐ車の修理が終わるよ。
B：修理ついでに、私の車のオイルも交換しといてもらえる？
A：わかった！

---

be at it や go at it は、「(そのことに) 取り組んでいる」「(そのことを) している」という意味です。ただし、it が指す具体的な行為は、話し手と聞き手の間に共通の認識がないとわからないので、いきなり使うことはできない表現です。

理解度チェック問題

1 以下の例文のうち、at の使い方が正しいものには○、間違っているものには×を付けてみましょう。

1. I'm always at work. _____

2. She is not at home right now. _____

3. They ate breakfast at 8 a.m. _____

4. I have a meeting at Wednesday. _____

5. My boss got angry at the meeting. _____

6. She will be at Tokyo for a week from tomorrow. _____

7. We slept at a hotel. _____

8. There was an earthquake at yesterday afternoon. _____

9. I was not sure what to do at first. _____

10. The bird is at danger of becoming extinct. _____

Exercise

理解度チェック問題

2 次の 1〜6 と同じ at の使い方をしている例文を、a〜f の中から選んでみましょう。

1. The pens were sold at two dollars each. ____
2. Her father is at the dentist. ____
3. She was at a loss for words when she heard the news. ____
4. The teacher pointed at the map on the wall. ____
5. I am getting married at the end of this month. ____
6. He is experienced at teaching music. ____

> a. She was running at full speed when she fell.
> b. The car is parked at the train station.
> c. The couple screamed and shouted at each other for an hour.
> d. She is an expert at reading maps.
> e. Iran was at war with Iraq in the 1980s.
> f. My mother came at half past two.

理解度チェック問題 1

こたえ

1. ◯ 「私はいつも職場にいる」

2. ◯ 「彼女は今、家にいない」

3. ◯ 「彼らは午前8時に朝食を食べた」

4. ✗ 「水曜日に会議がある」 水曜日は時刻ではないので at ではなく on を使います。(on の使い方は 64〜74 ページで解説しています)

5. ◯ 「私の上司は会議で怒った」

6. ✗ 「彼女は明日から1週間、東京にいる」 東京は場所ですが、特に関連付けられる典型的な行動がない場所なので、at ではなく in を使います。(in の使い方は 40〜50 ページで解説しています)

7. ◯ 「私たちはホテルで寝た」

8. ✗ 「昨日の午後、地震があった」 yesterday afternoon、tomorrow morning など、時を表す単語が二つ続く場合は前置詞が不要になります。

9. ◯ 「当初、どうすれば良いのかわからなかった」

10. ✗ 「その鳥は絶滅の危機にひんしている」 正しくは at ではなく in で、in danger of ... で「〜の危険があって」という意味になります。(in の使い方は 40〜50 ページで解説しています)

理解度チェック問題 2　　　　　　　　　　こたえ

1. a　1:「そのペンは1本2ドルで売られていた」　a:「転んだとき、彼女は全速力で走っていた」　1の at は価格、a の at は速度で、ともに割合を示しています。

2. b　2:「彼女の父は歯医者にいる」　b:「その車は駅に停めてある」　at はともに場所を示しています。

3. e　3:「その知らせを聞いて彼女は言葉を失っていた」　e:「1980年代、イランはイラクと戦争をしていた」　at はともに状態を示しています。

4. c　4:「その先生は壁の地図を指さした」　c:「その夫婦は1時間にわたって叫び、怒鳴り合った」　at はともに方向を示しています。

5. f　5:「私は今月末に結婚する」　f:「私の母は2時半にやってきた」　at はともに時間を示しています。

6. d　6:「彼は音楽を教える経験が豊富だ」　d:「彼女は地図を読むベテランだ」　6の at の前には「経験豊富な」、d の at の前には「ベテラン」が来ており、ともに評価を示しています。

前置詞

in

曲：In the Summertime
（この夏の日に）

Track 2

Karaoke Track 11

In the Summertime

let's drive down to the beach in③ the afternoon
we'll jump right in① the ocean, yeah we'll be there soon
because in④ working through all of our days
we forgot about the sunshine rays
all day we're trying to keep the business in④ the black
keeping all our files in④ the right formats
we're dressing up in② suits
to get in⑥ good with the man in④ charge

(chorus)
I know you're in④ demand
but won't you take my hand
I'll hold the door when you step in⑥
we're gonna go for a ride
dress up in② your bathing suit
'cause the autumn is in④ hot pursuit
and the cold days are about to start
but in③ the summertime you're the sun shining in① my heart

'cause you're one in① a million baby I can tell
I can see it in④ a thousand ways
so let's get out of here and drive away
from the smog and the haze
I see the way your hair is fallin' down your back
in④ a motion like the ocean waves
like a poem in④ rhyme
and I believe in⑤ living for today

(repeat chorus)

25 come on baby let's go out for a spin
    the office in-crowd won't know you're not in⑥
    let's pay in④ advance against the cold, cold days ahead
    if you think I can't see that look in① your eyes
    well baby you're in⑥ for a big surprise
30 the evidence is in⑥, I can tell you wanna go for a ride

    'cause autumn's closing in⑥
    with the cold and the wind
    but today the sun is gonna shine
    let's take a ride in① the company car
35 in① the fast lane we'll drive real far
    let's take a ride just you and me in③ the summertime

＊歌詞内の in に付いている番号は、40〜50ページで解説している「inの種類」に対応しています。

曲の背景

In the Summertime はこんな歌！

外では太陽が光りかがやき、何もかもがまぶしい夏の日。ところが、あなたがいるのは薄暗い蛍光灯がついた、代わり映えのしないいつものオフィス。そんなあなたに、「仕事なんか放り出してビーチに行こう！」と、呼びかけているのがこの歌です。上司には適当に言い訳をして抜け出して、水着に着替え、ついでに社用車を拝借して・・・「とにかくこんな素晴らしい日は外に出よう！」というメッセージを、楽しいメロディーに乗せて歌っています。

日本語訳
この夏の日に

昼過ぎにビーチへドライブに行こう
海に飛び込むんだ、そう、もうすぐそこだ
僕らは日がな一日働いてばかりで
日差しを忘れていた
ずっと金もうけばかり気になって
形どおり書類を作り続けて
スーツに身を包んで
ボスにゴマすり

（※）
君がそこら中で売れっ子なのはわかってる
でもこの手を取ってくれないか
君が来たらドアを開けておくから
ドライブに出かけるんだ
水着に着替えて
秋はすぐそこに迫っているから
そして寒い日がもうすぐ始まってしまう
でも夏の間は、君は僕の心の中できらめく太陽

君は百万に一人の宝物、ベイビー僕にはそれがわかる
千とおりに見ても、やっぱり君はただものではない
だからここから逃げ出そう
この煙やもやから逃れてドライブしよう
君の髪が背中に垂れるのを見ている
波打つ海のように
リズム良い詩のように
今を生きることを信じているのさ

（※　くり返し）

さあベイビー、ドライブに出かけよう

オフィスのみんなは君がいないなんて気付かない

これから始まる寒い寒い日に向けて、今のうちに楽しんでおこう

僕がその瞳から君の気持ちをわからないと思っているなら

ベイビー、君はびっくりするだろう

証しはそろっているんだ、君がドライブしたいってわかってる

秋は迫っているから

寒さと風を引き連れて

でも今日は太陽がギラギラ

会社の車でドライブしよう

追い越し車線に入ってずっと遠くに行くんだ

僕と君だけでドライブしよう、この夏の日に

知ってましたか？こんな名曲にも in が！

Dangerously in Love
Beyoncé
ビヨンセ

「デンジャラスリィ・イン・ラヴ」

女性3人組のデスティニーズ・チャイルドの中心的存在だったビヨンセ。2003年にリリースした初のソロアルバムのタイトルには、この曲の名を選びました。自作の詞の内容は、恋人への痛いほどの愛情を表現したもので、「私の人生にはあなたが必要」と歌っています。

前置詞 *in* はこう使う！

前置詞 in は、主に「ある限られた領域や範囲の中に存在している状態」を表し、物理的な意味から抽象的な意味にまで、幅広く使われます。また、in には副詞および形容詞としての働きもありますが、「境界を超えて一定の領域に入り込む」という基本概念は変わりません。

① 「領域や範囲の中に存在している状態」を示すin

前置詞 in の最も基本的なイメージは、物理的にある領域や範囲の中に存在している状態です。いくつか例文を見てみましょう。

▸ The present came in a yellow box.
　　　　　　　　　　　　　（プレゼントは黄色い箱に入って来た）
▸ Kelly is in the kitchen.　　　　　　（ケリーは台所にいる）

最初の文では、箱という、仕切られた空間の中にプレゼントがある、という状態です。二文目でも、台所という場所を箱と同じように閉じられた空間ととらえて、in が使われています。

では、次の文では、どうでしょうか？

▸ The cows are grazing in the field. （野原で牛が草を食べている）

ややイメージしにくいかもしれませんが、ここでも、「野原」は柵などの境界が存在する空間であると考えて in が使われています。

前置詞 in はこう使う！

今回の歌「In the Summertime」の歌詞も見てみましょう。「中にある」というイメージが、抽象的な意味で使われている例もあります。

2行目：we'll jump right in the ocean　　　（海に飛び込むんだ）
16行目：you're the sun shining in my heart
（君は僕の心の中できらめく太陽）

日本人はここを間違えやすい！

場所を表す前置詞は in だけではありません。使いわけは大丈夫でしょうか？

✗ We ate in the Hard Rock Cafe.
○ We ate at the Hard Rock Cafe.
（私たちはハードロックカフェで食事した）

✗ David bought a birthday present in Isetan.
○ David bought a birthday present at Isetan.
（デービッドは伊勢丹で誕生日プレゼントを買った）

✗ She will meet you in your house.
○ She will meet you at your house.
（彼女は、君の家で君に会う予定だ）

上記のように、レストラン・店・家・駅など、「一点」と考えられる場所については、at が使われます。それに対し、in が使われるのは、「中にいる」というイメージが合うような、広がりが感じられる場所（国・都市など）についてです。ただし、話し手のいる場所や、とらえ方によっても変わるので、それぞれの前置詞をイメージして使いわけましょう。

17行目：you're one in a million　　（君は百万人に一人の存在だ）
28行目：if you think I can't see that look in your eyes
　　　　　　　　　（君の瞳のそのまなざしが僕に見えないと思うなら）
34行目：let's take a ride in the company car
　　　　　　　　　　　　　　　　（会社の車でドライブしよう）

　最初の一節は、海という領域の中にいることを示す in に「飛び込む」という動作の意味が含まれている例で、into を使うこともで

日本人はここを間違えやすい！

「～に所属している」というとき、in を使いますか？　それとも on でしょうか？　正解は以下のとおりです。

- ○ I am in the chess club.　　（私はチェス・クラブに所属している）
- ○ I am in the army.　　　　　（私は陸軍に所属している）
- × I am in the baseball team.
- × I am in the organizing committee.

- × I am on the chess club.
- × I am on the army.
- ○ I am on the baseball team.　（私は野球チームに所属している）
- ○ I am on the organizing committee.
　　　　　　　　　　　　（私は組織委員会に所属している）

　クラブ・軍隊・グループなどの集団に「所属している」ということを表す場合、基本的には in を使いますが、チームや委員会については on を使います。この違いは、名簿やリストのイメージがあるかどうかにあります。チームや委員会のメンバーは、紙に書かれた名簿「上」の名前であるととらえられていたことから、習慣的に on を使うのです。

前置詞 in はこう使う！

きます。二つ目と四つ目の節では、抽象的な意味で、それぞれ僕の心、そして君の目の「中にある」ことが表されています。三つ目の節では、「百万人」を一定の領域ととらえて、その中にいるイメージです。最後の節では、物理的に「車の中」にいる様子を表しています。

また、次の例では、「車線」を区切られた空間ととらえて in を使っています。

35行目：in the fast lane we'll drive real far
（追い越し車線でずっと遠くに行くんだ）

これに対し、道は「線」であると考えられる場合もあり、その場合は次のように on が使われます。

▶ We live on Maple Street.　（私たちはメープル通りに住んでいる）

ちなみに、上の例では通り名だけを述べていますが、番地や建物名が付く場合は、次のように at が使われます。

▶ We live at 123 Maple Street.
（私たちはメープル通り123号に住んでいる）

②「着用」を表す in

前置詞 in は、衣服を着ている様子を表すこともあります。

7行目：we're dressing up in suits　　　（僕らはスーツを着込んで）
13行目：dress up in your bathing suit　　（水着を着て）

最初の一節では、体がスーツに「入っている」イメージで in が使われています。二つ目の節でも水着に「入る」というニュアンスで in が使われています。このようなイメージから、洋服を着たり脱いだりするときは、into や out of といった表現が使われます。

in はまた、次のように、衣服以外のものについても使われます。

▶ A man in a cowboy hat stood by the door.
　　　　　（ドアの脇にカウボーイの帽子をかぶった男が立っていた）

帽子は全身を包むものではありませんが、体の一部がその中に入っているというイメージです。

③「時間」を示す in

「〜の中に」というイメージの延長で、in は時間表現についても使われます。

▶ The painting was created in the 14th century.
　　　　　　　　　　　　　　　（その絵は14世紀に描かれた）
▶ He was born in 1980.　　　　（彼は1980年に生まれた）

これらの例文で、in は、14世紀、1980年という時間を限られた

前置詞 in はこう使う！

範囲を持つものとして扱うことで、その期間内にその出来事が起きていることを示しています。

この用法の in は、歌詞にも登場しています。

1行目：let's drive down to the beach in the afternoon
　　　　　　　　　　　　　　　　　　（午後、ビーチにドライブに行こう）
16行目：in the summertime　　　　　　　　　　　　　（夏の間は）

in は、最初の一節では午後、二つ目の節では夏という期間を示しています。

④ 「状態」を示す in

前置詞 in は、状態や状況を示す場合もあります。この用法は、歌詞の中にもたくさん登場します。その例を一つずつ見ていきましょう。

3-4行目：in working through all of our days we forgot about the sunshine rays
　　　　　　（毎日働きどおしで僕らは太陽の日差しを忘れてしまった）

この一節では、in により「毎日働く中で」という状況が示されています。

45

5行目：we're trying to keep the business in the black

（僕たちは事業を黒字に保とうとして）

in the black [red] というのは「黒字［赤字で］」という意味の表現ですが、in を使うことにより黒字・赤字の範囲内にあるイメージを表現しています。

6行目：keeping all our files in the right formats

（正しい書式どおりに書類を作り続けて）

in により書類が「正しい形式」という状態にあることが示されています。

8行目：the man in charge　　　　　　　　　　（責任者の男）

charge には「管理」「監督」などの意味がありますが、in によって、この男性が置かれている状態を表しています。

9行目：I know you're in demand　（僕は君が人気者だと知っている）

demand は「需要」という意味で、in demand は「需要がある状態」です。つまりここでは人気があるということを表しています。

13行目：the autumn is in hot pursuit

（秋は激しく追いかけてきている）

前置詞 in はこう使う！

　hot pursuit という表現は警察用語から来ており、「激しく追跡する」という意味です。ここでは、秋が目前に迫っている状態を「秋が追いかけてきている」と比ゆ的な表現で表しています。

18行目：I can see it in a thousand ways
　　　　　　　　　　　（それは千とおりの方法で見ても分かる）

　この一節では、in によって、it（それ）が指す事実が明確であることが「千とおりの方法で見ても」という誇張表現で説明されています。

21-22行目：your hair is fallin' down your back in a motion like the ocean waves
　　　　　　　　（海の波のような動きで君の髪が背中に垂れている）

　ここでは、in によって、髪が背中に垂れる際の様子が、波というたとえを使って説明されています。

23行目：like a poem in rhyme　　　　　（韻を踏んだ詩のように）

　rhyme は「韻」という意味で、in rhyme は「韻を踏んでいる状態」を表しています。

27行目：let's pay in advance　　　　　（先に支払おう）

　in advance は「前もって」という意味の表現で、「支払う」際の

状況を説明しています。つまり pay in advance は「前払いする」という意味になります。この歌では、「冬の分も先に遊んでおこう」というメッセージを比ゆ的な表現で表しています。

⑤「対象」を示すin

前置詞 in は、対象を示す場合もあります。

24行目：I believe in living for today

(僕は今を生きることを信じている)

believe in ... は、「～の正当性・存在を信じる」という意味で、in は「～を」と、対象を表すために使われています。このような用法の in には、ほかにも (be) interested in ... などがあります。

⑥ 副詞のin

in は、副詞として使われる場合もあります。しかし、「中へ」という基本的なイメージは変わりません。歌詞に登場する副詞の in を一つずつ見ていきましょう。

8行目：get in good with the man in charge　(上司に好かれる)

(be) in with ... は「～と仲良くする」という意味の表現です。途中に good が入ることにより、さらに仲が良いことが強調されています。

前置詞 in はこう使う！

11行目：I'll hold the door when you step in
　　　　　　　　　（君が乗り込むときはドアを開けておくつもりだ）

　この in は、動詞 step と組み合わさって「足を踏み入れる」という句動詞を形成しています。後ろに the car が省略されていて、「車の中に入る」というイメージです。

26行目：the office in-crowd won't know you're not in
　　　　　　　　　（オフィスのみんなは君がいないとは気付かないだろう）

　この用法の副詞 in には、「在室で」という意味があり、いくつか例を挙げると、She is not in today.（彼女は今日は出社していない）、The doctor is in.（先生は診察中だ）のように使われます。もともと後ろに the room や the office などの言葉があったと考えるとわかりやすいですね。

29行目：you're in for a big surprise
　　　　　　　　　（君はすごくビックリすることになる）

　(be) in for ... は「〜に直面することになる」という意味で、何かが待ち受けている様子を表します。He's in for a shock. は「彼はショックを受けるだろう」、You're in for some fun. は「君は楽しい時を過ごすだろう」という意味になります。

30行目：the evidence is in　　　　　　　（証拠はそろっている）

この用法の副詞 in は「提出されて」「到着して」という意味です。ここではあえて、the evidence is in という、警察が使うような言い回しをすることでユーモアを出しています。

　31行目：'cause autumn's closing in　　　（秋は迫っているから）

　この in は動詞 close と組み合わさって「迫る」「近づく」という意味になっています。

in を使って英会話！

☆ *in time* 　　　　　　　　　　　時間内に、間に合って

A: Are the preparations complete?

B: Yes, we finished everything in time.

A: Good.

A：準備は完成した？
B：うん、全部時間内にできたよ。
A：それはよかった。

近い表現に on time がありますが、こちらは「定刻どおりに」という意味になります。また、in time には、「いつかは」「そのうち」という意味もあります。

☆ in place   準備が整って

A: We have everything in place for the surprise party.
B: Are all the guests here?
A: Yes, and we have a cake, too.

A：サプライズ・パーティーの準備は万端よ。
B：お客さんはみんな来た？
A：うん、それにケーキもあるの。

この表現は本来「あるべき場所に」という意味ですが、そこから発展して、文脈によっては「準備・環境が整って」という意味も持つようになりました。

☆ in any case   どのみち、とにかく

A: I don't think he'll be able to go.
B: In any case, you and I can go, right?
A: I think so.

A：彼は行けないと思う。
B：いずれにせよ、君と僕とで行けるよね？
A：多分ね。

この case は「場合」という意味で、in any case は文字どおり「どんな場合でも」という意味です。似た意味の表現としては、at any rate、at any hand、one way or another などがあります。

in を使って英会話！

⭐ live in the moment　　　今を生きる

A: I always worry about the future.

B: Try to live in the moment and you'll be happier.

A: I know, but it's hard.

　A：私、いつも将来のことを心配しちゃうの。
　B：今を生きるようにすれば、もっと幸せになるよ。
　A：わかってるんだけど、難しくて。

---

moment は「瞬間」という意味なので、live in the moment は、直訳すると「瞬間の中で生きる」、つまり「今を生きる」という意味になります。

⭐ keep in touch　　　連絡を取り続ける

A: I'll miss you when you are gone.

B: I'll miss you, too. Let's keep in touch!

A: Yeah, we will keep in touch.

　A：君が行っちゃうと寂しくなるな。
　B：私も。これからも連絡を取り合おうね！
　A：うん、そうしよう。

Keep in touch. は、手紙の最後や別れ際によく使うせりふです。in touch with ... は「〜と連絡を取り合って」という意味なので、He is still in touch with her.（彼はまだ彼女と連絡を取っている）というように使うことができます。

Exercise

理解度チェック問題

1 以下の例文のうち、in の使い方が正しいものには○、間違っているものには×を付けてみましょう。

1. In the winter, I often go skiing. _____

2. Because our company is in the red, I need to look for a new job. _____

3. My son is in the swim team. _____

4. The President lives in the White House. _____

5. The children jumped in the pool. _____

6. In Mondays, I take piano lessons. _____

7. Tim lives in 4321 Main Street. _____

8. Mr. Roberts is the man in charge. _____

9. She is dressed in an evening gown. _____

10. The cat jumped out the window and landed in the ground. _____

Exercise

理解度チェック問題

2 at、on、in のうち、以下の例文の_____に最もふさわしい前置詞を選んでください。また、その理由を説明してみましょう。（on の使い方は 64～74 ページで解説しています）

1. Tom is _____ the bedroom.

2. Jenny left _____ 6 p.m.

3. Bob is _____ the plane.

4. The children are playing _____ the street.

5. Our house is _____ Beach Ave.

6. He is mad _____ her.

7. There is a man lying _____ the couch.

8. We are moving to Los Angeles _____ August.

9. What did you do _____ your birthday?

10. My brother is _____ school right now.

> at
> on
> in

Answers

理解度チェック問題 1

こたえ

1. ○ 「冬には、私はよくスキーに行く」

2. ○ 「会社が赤字なので、私は新しい職を探さなければならない」

3. ✗ 「息子は水泳部に入っている」「～に所属している」というとき、team の場合は in ではなく on を使います。

4. ○ 「大統領はホワイトハウスに住んでいる」

5. ○ 「子どもたちはプールに飛び込んだ」

6. ✗ 「私は月曜日にはピアノを習っている」「～曜日に」というときは in ではなく、on を使います。(on の使い方は 64～74 ページで解説しています)

7. ✗ 「ティムはメイン通り4321番地に住んでいる」「～通りに住んでいる」という場合は on を使いますが、この文ではさらに番地まで述べているので、正しくは at です。

8. ○ 「責任者はロバーツさんだ」

9. ○ 「彼女はイブニング・ドレスを着ている」

10. ✗ 「ネコは窓から飛び出し、地面の上に着地した」「ネコ」が着地したのは「地面」の「中」ではなく「上」なので、正しくは on です。(on の使い方は 64～74 ページで解説しています)

理解度チェック問題 2

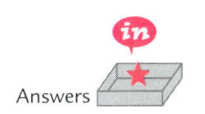

こたえ

1. in 「トムは寝室にいる」 部屋は一定の領域を占める閉じられた空間と考えられるので、その中にいるというイメージで in が使われます。

2. at 「ジェニーは 6 時に出発した」 午後 6 時という時間は「時点」と考えられるので、at が使われます。

3. on 「ボブは飛行機に乗っている」 公共の乗り物や大型の乗り物については、on が使われます。

4. in 「子どもたちが道で遊んでいる」 このような場合、道は境界のある空間で、ある程度の広さがあるイメージなので、in が使われます。

5. on 「私たちの家はビーチ通りにある」 建物が位置する通りを表す場合は、道は一本の線と考えられ、その線沿いにあるイメージで on が使われます。

6. at 「彼は彼女に対して怒っている」 行為や感情が向かう対象を示す場合は at が使われます。

7. on 「ソファに横になっている男がいる」 この男がいるのは物理的に「ソファの上」なので、on が使われます。

8. in 「私たちは 8 月にロサンゼルスに引っ越す」 at や on にも時間を示す用法はありますが、特定の月を示す場合は in が使われます。

9. on 「誕生日には何をしたの？」 特定の日を示す場合は on が使われます。

10. at 「弟は今学校にいる」 学校など、比較的狭く「地点」と考えられる場所については at が使われます。「在学中」という意味などで in が使われる場合もありますが、この文には right now とあるので物理的な場所を述べていることがわかります。

前置詞

on

曲：Michelle
（ミシェル）

Track 3

Karaoke Track 12

Michelle

Michelle I'm gonna ask you on⑤ a date
on③ the day we graduate
'cause girl you're always on⑤ my mind
I've just been waiting on⑤ the perfect time
'cause when you're on⑤ your way to Pasadena
I'll lie on① the couch all day and dream about ya
'cause even though we're moving on⑥
my thoughts of you will linger on⑥ and on⑥
and all these books on④ physics on① the shelf I see
well they can't explain our perfect chemistry
we can't give up on⑤ this time
before the world weighs on⑤ our minds
I just can't let you go

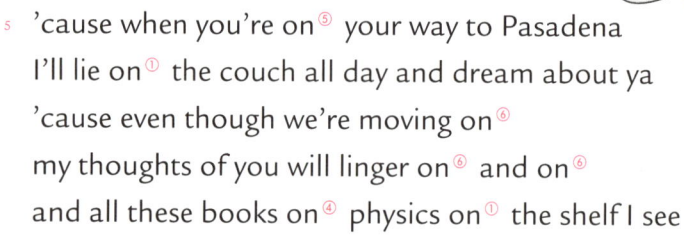

come on⑥ Michelle put your sunglasses on⑥
'cause high school's almost over and you're all I wanna study
time is marching on⑥ Michelle, why can't you see
before you're on② that plane heading away from me

and every teacher on⑤ the faculty
knows something's going on⑥ with you and me
we're on① the bottom of the final page
and now we're on⑥ because the world's a stage
well, later on⑥ and living on⑤ our own
will we look back on⑤ the times we had back home
or will it never be
with you and me?

come on⑥ Michelle put your sunglasses on⑥
'cause high school's almost over and you're all I wanna study
before you're on⑤ your way Michelle come out with me
'cause Caltech's far from MIT

30　high school diplomas on① the wall
they won't change the crush I have on⑤ you at all
Michelle I've been caught, you're on⑥ to me
my heart's on⑤ fire, can't you see
I just can't let you go

35　come on⑥ Michelle put your sunglasses on⑥
'cause high school's almost over and you're all I wanna study
time is marching on⑥ Michelle, why can't you see
'cause high school's almost over and when we're far apart
you can't read these words you've written on① my heart

＊歌詞内のonに付いている番号は、64～74ページで解説している「onの種類」に対応しています。

曲の背景

Michelle はこんな歌！

主人公の青年とミシェルは同じハイスクールに通う友達どうしです。勉強に打ち込んだかいあって、それぞれ名門大学への進学も決まり（Caltech＝カリフォルニア工科大学、MIT＝マサチューセッツ工科大学）、卒業を控えて心を弾ませる二人。ところが、主人公は、はたと気付きます。もうすぐ自分はミシェルと離れ離れになってしまうこと、そして、自分たちの間には友情以上の何かがあるということに。「このままでは卒業できない！」と思い立った彼がミシェルに向けて歌います。

日本語訳
ミシェル

ミシェル　君をデートに誘うよ
卒業のその日に
僕の心にいつもいたのは君だから
完ぺきなタイミングを待ってたんだ
君がパサディナに旅立ったら
僕は毎日ソファの上で君のことだけ想ってる
僕たちの道はそれぞれだけど
君への想いはずっと続くから
棚に並ぶ物理の本なんかに
僕らのパーフェクトな関係は説明できない
今度はあきらめないよ
世界が僕らの心に押し寄せる前に
何もせず君を行かせるなんてできない

さあミシェル、サングラスをかけて出かけよう
高校はもうすぐ終わりだし、僕が知りたいのは君のことだけだから
もう時間がないよ、ミシェル、わかってよ
君が飛行機に乗って僕から離れていってしまう前に

先生たちはみんな知ってる
君と僕の間に何かあるって
最後のページの終わりにいる僕ら
そう、ステージに立ってるんだ、僕らの恋を始めよう
いつの日か一人暮らしを始めたら
二人で過ごした時を思い出すのだろうか
それともそんな時は来ないのかな
君と僕が一緒に過ごすなんて

さあミシェル、サングラスをかけて出かけよう

高校はもうすぐ終わりだし、僕が知りたいのは君のことだけだから

君が旅立つ前に、ミシェル、僕と一緒にデートしよう

CaltechはMITから遠いから

卒業証書を壁に飾っても

君への想いは何も変わらない

ミシェル、僕は君のとりこ、気付いてるだろう

この燃える心が見えないかい

何もせず行かせるなんてできないよ

さあミシェル、サングラスをかけて出かけよう

高校はもうすぐ終わりだし、僕が知りたいのは君のことだけだから

時間がないよ、ミシェル、わかってくれよ

高校が終わって、僕たち離れてしまったら

君にはもう読めない、君が僕のハートに刻んだ文字が

知ってましたか？こんな名曲にも on が！

Livin' on a Prayer
Bon Jovi
ボン・ジョヴィ

「クロス・ロード／ザ・ベスト・オブ BON JOVI」

80年代後半に一世を風靡したアメリカのロックバンド、ボン・ジョヴィの代表曲の一つ。歌詞の内容は、労働者階級のカップルが、苦しい生活の中、愛と希望を持って頑張ることを誓い合うというもの。live on...は「〜を糧として生きる」という意味で、タイトルは「（未来を）信じる気持ちを支えに生きよう」というメッセージになっています。

前置詞 on はこう使う！

前置詞 on の基本的なイメージは、ある物体がもう一つの物体の表面に「接触」していることで、この考え方は抽象的な事柄や慣用表現にも応用されます。また、on には副詞的および形容詞的な働きもあります。

① 「場所・位置」を示すon

場所や位置を示すとき、前置詞 on はある物体が別の物体の表面に接触していることを表します。

- The glass is on the table.　　（そのグラスはテーブルの上にある）
- I fell on the ice.　　　　　　（私は氷の上で転んだ）
- There are sailboats on the lake today.
   　　　　　　　　　　　　　　（今日は湖にヨットが出ている）

最初の文は、グラスが「テーブルの上」にあり、表面に接しているという状況です。二文目の on は、転んだとき、「氷の上」に立っていたという状況を表しています。三文目も、ヨットが「湖上」を漂っているという状況で、この三つの文は、すべて何かの「上」で「表面に接している」様子を表していますね。今回の歌「Michelle」でも見てみましょう。

6行目：I'll lie on the couch all day
　　　　　　　　　　（僕は一日中ソファに寝転んでいるだろう）

前置詞 on はこう使う！

9行目：all these books on physics <u>on the shelf</u> I see
（棚の上に並んでいるのが見える物理の本）

20行目：we're <u>on the bottom of the final page</u>
（僕たちは最後のページの一番下にいる）

30行目：high school diplomas <u>on the wall</u>
（壁に掛かった高校卒業証書）

日本人はここを間違えやすい！

　場所を表す on の基本的イメージは「接触していること」ですが、中には紛らわしい場合もあります。次の文はどこがおかしいのでしょうか？

✗ **Place a cloth <u>on</u> the entire bowl of bread dough.**

　on は物が「何かの上にある」ことを表しますが、全体を覆うというよりは一部に載っているというイメージです。この文では entire bowl とあるので、次のように over を使う方が自然です。

○ **Place a cloth <u>over</u> the entire bowl of bread dough.**
（パン生地のボウル全体に布をかぶせてください）

また、次の二つの文も比べてみましょう。

▸ **We ate <u>on the bar</u> instead of <u>on a table</u>.**
（私たちはテーブルの上ではなく、バーカウンターの上で食べた）
▸ **We ate <u>at the bar</u> instead of <u>at a table</u>.**
（私たちはテーブルではなく、バーカウンターで食べた）

最初の文では、「テーブルやバーカウンターの上」で食べたことになってしまいます。食べ物や食器がある場所については on the table、on the bar といいますが、人が食事した場所について述べるときは at を使いましょう。

39行目：you can't read these words you've written on my heart　　（君が僕の心に書いた言葉を君は読めない）

　最初の一節では、僕が「ソファの上」にいることが表されており、二つ目の節では本が「棚の上」に載っていることが表されています。三つ目の節では、比ゆ的な表現で、登場人物たちが「ページ上」の一番下、つまり高校生活の最終段階にいることが表されています。四つ目の節では、卒業証書があるのは壁の「上」ではありませんが、卒業証書は壁の表面に接しており、on はこのような状況を表すのにも使われます。最後の節では、「心の表面に書かれた言葉」という比ゆ的な言い回しで、歌い手の想いが表現されています。

②「移動手段」を示すon

また、on は移動手段を示すためにも使われます。

- He got on the bus. 　　　　　　　（彼はバスに乗り込んだ）
- We rode on the train. 　　　　　　（私たちは電車に乗った）
- She went to the library on foot.
　　　　　　　　　　　　　　　（彼女は徒歩で図書館に行った）

　最初の文と二文目では、on はともに公共の交通機関を示しています。on の代わりに in を使うことも可能ですが、in を使うのは「車内にいる」あるいは「車内に入る」というイメージを強調する場合に限られ、一般的に「乗る」というときは on を使います。では、次の文はどうでしょうか？

前置詞 on はこう使う！

? We rode on the car.

　この文は文法的には間違っていませんが、「車の上」（屋根の上！）に乗ったという意味になるので、かなり奇妙な印象です。on は、公共または大型の交通手段のみについて使われるため、一般的に車に乗るという場合は、on ではなく in を使います。

　17行目：before you're on that plane　　（君が飛行機に乗る前に）

　飛行機は大型の交通機関なので、on が使われていますね。

③「時間」を示す on

　次に、前置詞 on が時間を示す例を見てみましょう。on は、ある出来事が特定の曜日や日付に起きたことを表します。例を見てみましょう。

- My birthday is on June 15. It is on Sunday this year.
  （私の誕生日は6月15日だ。その日は今年、日曜日だ）
- I like to sleep late on the weekends.
  （週末は遅くまで寝るのが好きだ）
- He proposed to me on the morning of Valentine's Day.
  （バレンタイン・デーの朝、彼は私にプロポーズした）

　最初の文からは、on は日付や曜日について使えることがわかります。同様に、祝日、誕生日、記念日など、特定の日を指す場合に

も使えます。二文目の weekends は特定の日ではありませんが、「weekends＝Saturdays and Sundays」という解釈から on が使われます。三文目では、通常は in を使う morning という単語に on が使われています。これは、「バレンタイン・デー」という特定の日の朝を指しているためで、このように、特定の日の morning（朝）、afternoon（午後）、evening（夕方）などを示す場合には、on を使います。歌に出てくる例も見てみましょう。

日本人はここを間違えやすい！

　前置詞 on はしばしば曜日や日付とともに使われますが、中には on があっても、なくても良い場合もあります。

- ○ I leave for New York <u>on</u> Saturday.
- ○ I leave for New York Saturday.
　　　　　（私は土曜日にニューヨークに向けて出発する）

　また、次のように曜日の前に限定詞が付く場合、on は不要になります。

- × I leave for New York <u>on</u> next Saturday.
- ○ I leave for New York next Saturday.
　　　　　（私は次の土曜日にニューヨークに向けて出発する）

　さらに、on は文中の行為が行われた時間を示すので、次のような文では、on ではなく for を使います。

- × Did you make reservations <u>on</u> tomorrow night?
- ○ Did you make reservations <u>for</u> tomorrow night?
　　　　　（明日の夜の予約した？）

前置詞 on はこう使う！

2行目：on the day we graduate　　　　　（僕たちが卒業する日に）

ここでも、on は「僕たちが卒業する日」という特定の日に対して使われていますね。

④「主題」を表す on

本、雑誌、テレビ番組などについて使われるとき、on は「〜についての」という意味になります。

9行目：books on physics　　　　　　　　（物理の本）

これは「物理についての本」という意味で、その本の主題を示しています。ほかの例を見てみましょう。

▸ I watched a TV show on cooking.
　　　　　　　　　　　　　　（料理についてのテレビ番組を見た）
▸ There was an article on the tax increase.
　　　　　　　　　　　　　　　（増税に関する記事があった）
▸ The professor gave a talk on psychology.
　　　　　　　　　　　　　　（教授は心理学の講義を行った）

これらの例文の on は、「番組」「記事」「講義」など、すべて何らかの媒体について使われています。この用法の on は about とほとんど同じ意味ですが、on は about よりも学問的・専門的な事柄について使われる場合が多く見られます。

⑤ 慣用表現に含まれるon

on の概念は、さまざまな場面で抽象的に応用されます。

- Jan is on the committee.　　　　　（ジャンは委員会の一員だ）
- You need to be more on top of things.
  　　　　　　　　　　（君はもっときちんと物事を取り仕切る必要がある）
- She is on the phone.　　　　　　　（彼女は電話中だ）
- He's got a lot on his mind.　（彼はいろいろなことを考えている）

　最初の文の on は、委員会で委員たちが一列に並んだいすに座っている（on the chairs）というイメージから来ています。歌の 18 行目に登場する on the faculty（教職員会の）も、これと似ています。二文目の表現 be on top of things は、「状況を把握し、あらゆる事態に備える」という意味で、「考えられるすべての可能性の上」に自分を置いておく、というイメージです。三文目の on the phone（電話中で）では、電話を使う際、受話器が耳に接触しているイメージから on が使われます。最後の文の on one's mind は、「気にかかって」「頭を悩ませて」という意味の表現で、何らかの問題が頭の上に載っているというイメージです。歌の 3 行目と 12 行目にも、この表現が登場しますね。

　この歌には、ほかにも on を使ったさまざまな慣用表現が登場するので、一つずつ見ていきましょう。

前置詞 on はこう使う！

1行目：I'm gonna ask you on a date 　　（僕は君をデートに誘う）

on a date は「デートに」という意味で、go on a date with ... というと「〜とデートする」という意味になります。

4行目：I've been waiting on the perfect time
　　　　　　　　　　　　　　　　（僕は最適な時期を待っていた）

慣用表現 wait on ... は「〜に給仕する」というのが一般的な意味ですが、ここでは、くだけた表現として wait for ... と同じ意味で使われています。

5行目：on your way to Pasadena 　　（君がパサディナに行く途中）
28行目：before you're on your way 　　（君が出かける前に）

on one's way to ... は「〜に向かう途中」という意味で、ある場所から別の場所に向かう過程の「線の上」にいるイメージです。二つ目の節では目的地には言及していませんが、「どこかに向かって」出かける、というニュアンスです。

11行目：we can't give up on this time
　　　　　　　　　　　　　　（今回のことはあきらめられない）
23行目：will we look back on the times we had back home
　　　　　　　　　（僕たちは故郷で過ごした時間を振り返るだろうか）

give up は「あきらめる」という意味、look back は「振り返る」

71

「回想する」という意味で、on はこれらを名詞句（this time、the times we had back home）とつなげる働きをしています。

　　22行目：living <u>on our own</u>　　　　　　　（独立して暮らして）

　on one's own は「独立して」という意味の慣用表現です。似たような表現に on one's own account や one one's own terms などがあります。

　　31行目：they won't change the crush I have <u>on you</u> at all
　　　　　　　（それらは僕が持っている君への熱い想いをまったく変えない）

　have a crush は「熱を上げる」「夢中になる」という意味で、on はその対象の人物を指しています。

　　33行目：my heart's <u>on fire</u>　　　　　　（僕の心に火がついている）

　on fire は「火がついて」「燃えて」という意味で、ここでは比ゆ的に歌い手が熱烈に恋焦がれている様子を表しています。

⑥ 副詞・形容詞のon

　on には前置詞のほか、副詞・形容詞としての用法もあります。歌にもそれが登場するので、まずは副詞的用法の on をいくつか見てみましょう。

前置詞 on はこう使う！

14行目：put your sunglasses on　　　　　（サングラスをかけて）

　put on は「身につける」「着る」という意味で、この副詞 on のイメージは①の「接触」です。目的語は on の前にも後にも置くことができるので、Put on your sunglasses. とも Put your sunglasses on. ともいえますが、この二つの文の違いは、前者ではサングラスが強調されるのに対し、後者では「かける」という動作が強調されることです。

　副詞の on には「前へ」「続けて」というイメージもあります。

7行目：we're moving on　　　　　　　　（僕たちは先に進んでいる）
8行目：my thoughts of you will linger on and on
　　　　　　　　　　　　　　　　　　（君への想いはずっと続く）
14行目：come on Michelle　　　　　　　（さあ、ミシェル）
16行目：time is marching on　　　　　　（時間は進んでいる）
19行目：something's going on　　　　　（何かが起こっている）
22行目：later on and living on our own
　　　　　　　　　　　　　　　　　　（この先、独立して暮らして）

　最初の一節の move on は move forward（前進する）の意味で、ここでは抽象的な意味で使われています。二つ目の節の on and on は continuously（延々と）という意味の表現です。三つ目の節の come on は「おいで」あるいは「さあ」と相手をうながす表現です。四つ目の節の march は「行進する」という意味で、march on は、前に進むことを意味しています。五つ目の節の going on は

happening といい換えることができ、「起きている」という意味です。最後の一節では、on が付くことにより、副詞 later（後ほど）の意味がさらに強調されています。つまり、later on といえば、数秒や数分先を指すのではなく、より長い時間が経過した後のことを指すのです。

また、歌の中で形容詞の on が使われている例は以下の二つです。

21行目：now we're on　　　　　　　　（さあ僕たちの出番だ）
32行目：you're on to me　　　　　　　（君は僕のことに気付いている）

最初の一節の be on は、演劇が元になっている表現で、「出番だ」という意味です。俳優が文字どおり「舞台の上で（on the stage）」演技する、というところから生まれ、そこから、コーチがチームに向かって、試合の直前に We're on. と言うなど、演劇以外の場面でも応用されるようになりました。二つ目の節の be on to … は、「～を疑わしく思う」または「～の行動に気付いている」という意味です。

on の働きは、複数の品詞に及び、慣用表現の一部として使われる場合や意味が形骸化している場合もたくさんあります。定義の面からすべてを理解するのは難しいので、基本的なイメージを頭に入れた上で、慣用表現は決まり文句として覚えておくと良いでしょう。

on を使って英会話！

☆ on second thought　　よく考えてみたら

A: I'd like to go to that party.

B: Well, you can buy a ticket for $50.

A: On second thought, that's too expensive for me.

A：あのパーティーに行きたいんだけど。
B：それならチケットを50ドルで買えるよ。
A：よく考えてみたら、それ、僕には高すぎるな。

---

second thought は直訳すると「二番目の考え」で、最初の考えとは違う考えを指します。ほかにも「考え直す」「二の足を踏む」という意味の have second thoughts という表現もあります。

on tap 用意されていて

A: What kind of drinks do you have?
B: We have five kinds of beer and a variety of soft drinks on tap.
A: Sounds good!

A：飲み物はどんな種類があります？
B：ビール5種類とソフトドリンクをいろいろご用意しております。
A：いいですね！

tapには「蛇口」「飲み口」などの意味があり、この表現は「蛇口にある」、つまりすぐに出る状態を表しています。そこから発展して、今では飲み物以外の物事についても「いつでも使える」「用意されている」という意味で使われています。

on target 目標どおりで、的確で

A: Is the plan working smoothly?
B: Yes, we are right on target.
A: Great. That means we'll be done by 6 p.m.

A：計画は順調に進んでる？
B：はい、まさに目標どおりです。
A：それはよかった。それなら午後6時には終わるということだな。

targetは「的」「目標」という意味で、on targetは照準がぴったり的に合っているイメージです。

onを使って英会話！

on a whim　　　　　　　　　思いつきで、気まぐれで

A: That's a nice leather jacket.

B: You like it? I bought it on a whim yesterday.

A: Really. I bet it was expensive.

A：それ、すてきな革ジャケットだね。
B：気に入った？　昨日、思いつきで買っちゃったの。
A：本当に。高かったでしょう。

---

whim は「気まぐれ」「むら気」という意味です。これと似た表現に on the spur of the moment（その瞬間の衝動で）などがあります。

on the go　　　　　　　　　いつも動き回って、働きづめで

A: He is never at home.

B: Yeah, he's always on the go.

A: I wonder when he finds time to sleep.

A：彼、絶対に家にいないよね。
B：うん、いつも動き回ってるよね。
A：一体いつ寝る時間があるんだろう。

---

go は動詞と考えるのが一般的ですが、このように、会話では go を名詞として使うことがあります。ほかにも have a go at ...（〜をやってみる）などの表現があります。

Exercise

> **理解度チェック問題**
>
> **1** 以下の例文のうち、on の使い方が正しいものには○、間違っているものには×を付けてみましょう。

1. I always sleep on the train ride home from work. _____

2. He went on a trip to Las Vegas to enjoy the casinos. _____

3. She lives on an apartment in New York. _____

4. There is a spider on the ceiling. _____

5. Put that book on the shelf. _____

6. Did you read that book on the American Revolution? _____

7. I am sorry on what I said to you last night. _____

8. On my birthday I went to Disneyland. _____

9. She hasn't been on touch with her mother for years. _____

10. I will have lunch on noon. _____

Exercise on

理解度チェック問題

2 次の 1〜6 と同じ on の使い方をしている例文を a〜f の中から選んでみましょう。

1. There were 72 passengers on that plane. _____

2. There will be a big party on New Year's Eve. _____

3. She has a lot of things on her mind these days. _____

4. The clock on the wall says it's 9:30. _____

5. We had a debate on abortion last week. _____

6. She walked on for two hours without a break. _____

a. He is writing a report on children in refugee camps.
b. He is on the phone at the moment.
c. Put that book on the shelf.
d. The war ended on August 15th.
e. Nobody was listening, but he went on talking.
f. The people on the train looked out the windows.

Answers

理解度チェック問題 1

こたえ

1. ○ 「仕事から帰る電車の中で、私はいつも眠っている」

2. ○ 「彼はカジノを楽しむためにラスベガスに旅行に行った」

3. ✕ 「彼女はニューヨークのアパートに住んでいる」 apartment（アパート）、house（家）、condominium（マンション）など、住んでいる建物について述べる場合は on ではなく in を使います。

4. ○ 「天井にクモがいる」

5. ○ 「その本を棚の上に置きなさい」

6. ○ 「アメリカ革命についての、あの本読んだ？」

7. ✕ 「昨夜あなたにあんなことを言ってごめんなさい」「〜を反省している」というときは、on ではなく for を使って sorry for ... といいます。（for の使い方は 176〜184 ページで解説しています）

8. ○ 「誕生日にはディズニーランドに行った」

9. ✕ 「彼女は何年間も母親と連絡を取っていない」 in touch with ... で「〜と連絡を取って」という意味になるので、正しくは in です。

10. ✕ 「私は正午に昼食を食べる」時間を示すとき、曜日については on、morning や afternoon など時間帯については in を使いますが、時刻については at を使うので、正しくは at です。

Answers on

理解度チェック問題 2

こたえ

1. f　1：「あの飛行機には72名の乗客が乗っていた」　f：「電車に乗っている人たちは窓の外を見た」　on はともに交通機関を示しています。

2. d　2：「大晦日には盛大なパーティーが開かれる予定だ」　d：「戦争は8月15日に終わった」　on はともに時間を示しています。

3. b　3：「彼女は最近気がかりなことがたくさんある」　b：「彼は今、電話中だ」　on はともに慣用表現の on です。

4. c　4：「壁の時計は9時半を指している」　c：「その本を棚の上に置きなさい」　on はともに場所を示しています。

5. a　5：「私たちは先週、人工妊娠中絶について議論した」　a：「彼は難民キャンプの子どもたちについてレポートを書いている」　on はともに主題を示しています。

6. e　6：「彼女は2時間、休みなしで歩き続けた」　e：「誰も聞いていなかったが、彼は話し続けた」　6 の walk on は「歩き続ける」、e の go on ... は「～し続ける」という意味で、on はともに「続けて」という意味の副詞です。

前置詞

of

曲：Head of the Class
（あこがれの優等生）

Track 4

Karaoke Track 13

歌詞はこちら！
Head of the Class

track 04 / track 13 (カラオケ)
日本語訳は次のページ！

at five minutes of[8] eight
I just stand and I wait by the classroom
carried a stack of[2] her books
and I smiled, 'cause I knew she'd be there soon
5 when she told me "that's so kind of[4] you"
I really thought I would die, it's true
that girl is trouble, yeah she really drives me out of[8] my mind

it's the first hour of[1] class
and we're learning about exports of[1] Sweden
10 but when I stare at my book
it's just the face of[1] that girl that I'm seeing
my only homework is her beck and call, yeah
one pretty girl is the cause of[1] it all
she's the final exam that I know I've got no chance to pass

15 she's the head of[3] the class, yeah
all of[8] 17, she's straight out of[8] a teenage magazine
she's commander in chief of[3] the girls in the mall
that queen of[8] a girl is ahead of[8] them all

and all the boys in the school
20 are just priests of[1] that girl's new religion
they're all just slaves of[1] her smile
with a worship of[1] all that's forbidden
yeah, every single night I dream of[3] that girl
of[3] her kind there's only one in the world

25　she's the final exam that I know I've got no chance to pass

　　she's the head of[3] the class, yeah
　　she's 17, she's straight out of[8] a teenage magazine
　　she's commander in chief of[3] the girls in the mall
　　that queen of[8] a girl is ahead of[8] them all

30　yeah yeah
　　she's 17, she's straight out of[8] a teenage magazine
　　she's driving me crazy, yeah I'm heading there fast
　　yeah that pretty girl is the,
　　the head of[3] the class, yeah

35　she's the garden of[1] Eden
　　she's a teenage queen
　　I'm in complete submission
　　of[5] her I can only dream

＊歌詞内の of に付いている番号は、88〜98ページで解説している「of の種類」に対応しています。

曲の背景

Head of the Classはこんな歌！

勉強もスポーツもできて容姿端麗、同性からは尊敬を集め、異性のあこがれの的になる人気者。どこの学校にもそんな人っていますよね？ それがまさに head of the class です！ アメリカのハイスクール文化では、そういう生徒は神格化に近い扱いをされるものですが、この歌は、そんな完ペキな女子高生についての歌。優しかったり、ちょっぴり意地悪だったり、それでもいつも輪の中心にいる、「高根の花」への憧れを、クラスメートの男の子が歌っています。

日本語訳
あこがれの優等生

8時まであと5分
僕はただ立って、教室のわきで待ってる
彼女の本の束を抱えて
そしてほほ笑んだ、もうすぐ彼女が来るから
「優しいのね、ありがとう」って言われたとき
ホントに死ぬかと思ったよ、本当に
あの子はトラブル、僕の心を狂わせていくから

一時間目の授業
スウェーデンの輸出物について勉強中
でも教科書を見ていると
彼女の顔しか見えてこない
僕の宿題は彼女からのお達しだけ
そう、たった一人のかわいい子がすべてのきっかけ
彼女は僕の期末試験、通る可能性なんてないけれど

彼女は学年一の秀才だ
あこがれの17歳、ティーン雑誌から抜け出たみたい
彼女はモールに群れる女の子たちを従えて
女王みたいにみんなの上に立っている

学校の男たちはみんな
彼女という教えのしもべ
みんな彼女の笑顔のとりこになって
禁じられた女神を崇めてる
そう、夜ごと彼女の夢を見る
彼女みたいな子は世界に一人

彼女は僕の期末試験、通る可能性なんてないけれど

彼女は学年一の秀才

17歳でティーン雑誌から抜け出たみたい

彼女はモールに群れる女の子たちを従えて

女王みたいにみんなの上に立っている

そうだよ

彼女は17歳、ティーン雑誌から抜け出たみたい

彼女が僕を狂わせる、あっというまに狂ってしまう

そう、かわいいあの子は

学年一の秀才なんだ

彼女はまるでエデンの園

ティーンエイジ・クイーン

僕は完全にそのしもべ

彼女を夢見ることしかできない

知ってましたか？こんな名曲にも of が！

The Power of Love
Celine Dion
セリーヌ・ディオン

カナダのフランス語圏出身の歌姫セリーヌ・ディオンが1993年に出した、初の全米 No. 1 ヒット曲。アメリカの歌手ジェニファー・ラッシュの曲のカバーで、「愛の力」が与えてくれる勇気を力強く歌い上げるバラードです。

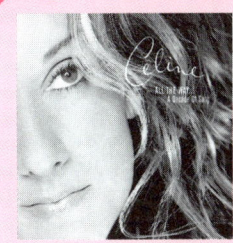

「ザ・ベリー・ベスト」

前置詞 of はこう使う！

前置詞 of は多くの意味を持ちますが、最も基本的なイメージは①「所属・関係」です。また、②「材料・構成」、③「分量・部分」、④「行為の性質」、⑤「関連」、⑥「時刻」、⑦「同格」なども表し、⑧慣用表現の一部としても使われます。

① 「所有・所属・関係性」を示す of

of が最もよく使われるのは、名詞どうしの所有・所属、または関係性を表す場合です。例を見てみましょう。

▸ The leaves of the tree are turning gold.
（その木の葉は金色に変わりつつある）
▸ The legs of the table are uneven.
（そのテーブルの脚は、長さがそろっていない）

最初の例文では、葉が木に、二文目では脚が机に属しており、それぞれの文で of は二つの名詞を結びつけるために使われています。所属は、語尾に「's」を付けることで表される場合もありますが、上記の二つの文も次のように書き換えることができます。

▸ The tree's leaves are turning gold.
▸ The table's legs are uneven.

ただし、一般的には、生き物でない物や動かない物には、所有の「's」は使われません。文法的には間違ってはいないのですが、あ

前置詞 of はこう使う！

まり見かけることはないのです。では、次の二つの文の違いはどこにあるのでしょうか？

▸ The leaves of the tree are turning gold.
▸ The tree's leaves are turning gold.

この二つの文の違いは、文の焦点です。最初の文では「葉」に、二つ目の文では「木」に焦点が置かれているのです。二つ目の文を聞いた人は、次のように、続いて「木と対比する何か」に関する文が来ると予想するでしょう。

▸ The tree's leaves are turning gold. However, the plant's leaves are still green.
（その木の葉は金色に変わりつつある。しかし、その植物の葉はまだ緑色だ）

所有・所属を表す前置詞 of を今回の歌「Head of the Class」でも見てみましょう。

9行目：we're learning about the exports of Sweden
（僕たちはスウェーデンの輸出物について学んでいる）

「スウェーデン」は生物ではないので、このように exports of Sweden とするのが自然です。Sweden's exports も間違いではありませんが、その場合、焦点が「スウェーデン」に置かれるため、スウェーデンの輸出物をほかの国の輸出物と比べるような場合に使われます。歌に登場するほかの例も見てみましょう。

89

8行目：it's the first hour of class　　　　　　（一時間目の授業だ）
11行目：it's just the face of that girl that I'm seeing
　　　　　　　　　　　　　　　　（僕に見えているのは彼女の顔だけだ）
20行目：priests of that girl's new religion
　　　　　　　　　　　　　　　　（あの女の子の新宗教の牧師）
21行目：they're all just slaves of her smile
　　　　　　　　　　　　　　（彼らはみんな彼女のほほ笑みの奴れいだ）
22行目：a worship of all that's forbidden
　　　　　　　　　　　　　　　　（禁じられたものすべての崇拝）
35行目：she's the garden of Eden　　　（彼女はエデンの園だ）

　これらの例では、すべて of の前にあるものが of の後ろにあるものに属していることがわかります。

　もう一つ注意すべき点は、文の焦点にかかわらず、所有を示す of は、基本的に固有名詞や特定の人物を指す名詞と結び付けて使わないことです。

　✕ The house of Tom is big.
　✕ The job of my mother is with a PR company.

　固有名詞の所有・所属は、通常、「's」を使い、次のように表します。

　〇 Tom's house is big.　　　　　　　　　（トムの家は大きい）

前置詞 of はこう使う！

○ My mother's job is with a PR company.
(母の職業はPR会社での仕事だ)

ただし、特定の芸術家の作品について述べる場合は例外で、of を使うのが一般的です。

▸ She studied the works of Shakespeare.
(彼女はシェークスピアの作品を学んだ)
▸ The paintings of Leonardo da Vinci are known throughout the world.
(レオナルド・ダビンチの絵は世界中でよく知られている)

Shakespeare's works、Leonardo da Vinci's paintings とするのも間違いではありませんが、そのような表現では、作品より作者自身が強調されます。

② 「材料・構成」を示す of

of は、物の材料や構成を示すこともあります。

▸ a table made of wood　　　　　　（木でできたテーブル）
▸ a team of baseball players　　　（野球選手のチーム）
▸ a flock of birds　　　　　　　　（鳥の群れ）

これらの例文では、すべて of の前の名詞が of の後ろの名詞から成り立っています。材料・構成を表す of の特徴は、元の材料が変

化しない場合に使われることです。中には区別が難しいものもありますが、基本的に材料が大きく変化する「原料」を示す場合は of

日本人はここを間違えやすい！

前のページで紹介した二つの例文は、works、paintings と、作品が複数形になっていますが、ある作者による、数ある作品の一つに言及したい場合はどうすればよいのでしょうか？　「シェークスピアのあの作品が好きだ」という文を作ってみましょう。

? **I like that poem of Shakespeare.**

この文は文法的には間違っていませんが、「シェークスピアについての詩が好きだ」という意味になってしまいます。では、次の文はどうでしょうか？

? **I really like Shakespeare's poem.**

この文も間違ってはいませんが、シェークスピアは一つしか詩を書いていないことになってしまいます。正解は次のような文です。

○ **I really like that poem of Shakespeare's.**

この文は、所有を表す表現が二つ含まれている変則的な形ですが、一人の作者の数ある作品中の一作品を指すには、of と「's」の両方が必要になります。ほかにも、次のような例が考えられます。

- **Which song of Madonna's are you singing tonight?**
  （今晩はマドンナのどの歌を歌うの？）
- **E.T. is a movie of Spielberg's that will always be a classic.**
  （「E.T.」は今後も古典的作品として残るスピルバーグ作品だ）
- **"David" is the most famous statue of Michelangelo's.**
  （「ダビデ」はミケランジェロによる最も有名な像だ）

前置詞 of はこう使う！

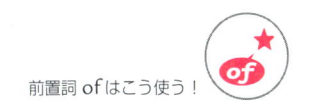

ではなく、from が使われます。歌に登場する例も見てみましょう。

3行目：carried a <u>stack of her books</u>　　（彼女の本の束を持って）

この一節でも、of は、束が「彼女の本」から成っていることを表していますね。

③ 「分量・部分」を示すof

of には、物と分量・数量を表す名詞を結び付ける働きもあります。

- two gallons of water　　　　　　　（2ガロンの水）
- a grain of rice　　　　　　　　　　（一粒の米）
- hundreds of dollars　　　　　　　（何百ドルもの金）

最初の例と二つ目の例では、ガロンや粒といった、数量の単位表現が、前置詞 of により、水や米という不可算名詞と結び付いています。不可算名詞には複数形がないため、数えたり計ったりする場合には単位表現を使う必要があり、of はその補助の役割を果たしているのです。最後の例では、of はドルが「百単位で」存在することを表しています。

また、of は、物や人のグループの一部を指すこともあります。

- <u>one of the teachers</u>　　　　　　　（その先生たちの一人）

- several of the refugees　　　　　（その難民たちの何人か）
- some of his letters　　　　　　　（彼の手紙のいくつか）

　これらの例文では、of によって、それぞれ「先生たち」「難民たち」「(複数の) 手紙」という集合体の一部分に的がしぼられています。歌を例に見てみましょう。

15行目：she's the head of the class　　（彼女は学年一の秀才だ）
17行目：she's commander in chief of the girls in the mall
　　　　　　　　　　　　　　（彼女はモールの女の子たちの司令官だ）

　最初の一節の class は、文字どおり「クラス」というよりは学年全体を指します。「学年」は多くの生徒から成る集団ですが、この一節では、彼女がその一部であり、最も優秀な生徒であることが表されています。二つ目の節では、彼女が「女の子たち」という集団の一部であり、その中で「司令官」的立場にいることがわかります。

④「行為の性質」を示すof

of は、人の行為の性質を示す場合もあります。

- It was stupid of me to hit him.（彼をたたいた私は愚かだった）
5行目：she told me "that's so kind of you"
　　　　　　　　（彼女は僕に「ご親切にありがとう」と言った）

　このような of は、「It's [That's/How]（形容詞）of（人物）to

（動詞）」という形で、「（動詞）をした（人物）は（形容詞）だ」という意味になります。上に挙げた最初の例文では、of により、「（彼をたたいた）私」という人物と「愚か」という性質が結びつけられています。また、二つ目に挙げた歌詞の例では、行為が省略されていますが、of により「あなた」という人物と「親切」という性質が結び付けられています。

⑤「関連」を示すof

of は、「〜について」という意味で、関連を示すこともあります。歌を例に見てみましょう。

23行目：every single night I dream of that girl

（僕は毎晩彼女を夢に見る）

この一節で、of は「彼女について」の夢を見ることを表しています。この用法の of は、ほかにも次のように使われます。

▸ You remind me of my father.

（あなたは父のことを思い出させる）

▸ I am so proud of you. （あなたのことは本当に誇りに思っている）

最初の文では、of は「父について」思い出させることを示しています。二文目では、誇りに思う対象が「あなた」であることがわかります。このように、of は動詞や形容詞の後に続く場合もあります。

⑥「時刻」を示すof

アメリカの会話表現では、of は「〜の前」（before）という意味で使われ、時刻を示すこともあります。歌には次のような表現が登場します。

1行目：at five minutes of eight　　　　　　　　（8時5分前）

これは five minutes before 8 o'clock と同じ意味ですが、この形は一般に、正時まであとほんの数分という場合にのみ使われます。

✕ It's 45 minutes of eight.
〇 It's 7:15.　　　　　　　　　　　　　　　　　　（7時15分だ）

⑦「同格」を示すof

歌には登場しませんが、of は同格のものを結び付ける役割を果たすこともあります。

▸ The city of New York has some of the finest theaters in the world.
　　（ニューヨークの街には、世界で最も素晴らしい劇場がいくつかある）
▸ She got married at the age of 23.
　　　　　　　　　　　　　　　（彼女は23という年齢で結婚した）

最初の例文では「街（the city）」と「ニューヨーク」が、二文目

前置詞ofはこう使う！

では「年齢（the age）」と「23」がイコールで結ばれる関係になっています。それぞれ、the city of New York の代わりに New York、at the age of 23 の代わりに at 23 ということも可能ですが、あえて同格の単語を最初に入れることで「街」「年齢」という概念を強調しています。

⑧ 慣用表現に含まれるof

最後に、of が慣用表現の一部として使われる例を歌の中からご紹介しましょう。

7行目：she really <u>drives me out of my mind</u>
（彼女は本当に僕の気を狂わせる）

16行目：she's straight <u>out of a teenage magazine</u>
（ティーン雑誌からそのまま抜け出たみたい）

out of ... は「～から外へ」という意味の複合的前置詞で、最初の一節の out of one's mind は「（正気の）頭の外へ」、つまり「気が狂って」という意味の表現です。drive A out of A's mindは「Aの気を狂わせる」という意味になります。二つ目の節の下線部は、文字どおり「ティーン雑誌の外へ」という意味です。

16行目：<u>all of 17</u>
（たったの17歳）

「all of（年齢）」という表現は、「わずか～歳」という意味の口語表現です。

18行目：that queen of a girl is ahead of them all
　　　　（あの女王様みたいな女の子はみんなの先を行っている）

　この一節に登場する queen of a girl という表現は魅力的な女性を指す表現ですが、それほど一般的ではありません。これに対応する男性についての表現には prince of a guy があります。また、ahead of ... は「～の先を行って」という意味です。

of を使って英会話！

☆ of course　　もちろん、確かに

A: Do you like me?

B: **Of course** I like you! Why do you ask?

A: I just wanted to be sure. Sometimes it is hard to tell.

A：僕のこと好き？
B：もちろん！　なんでそんなこと聞くの？
A：確かめたかっただけ。たまにわからないことがあるから。

これはとてもよく使われる表現で、「当然～だ」という場合以外にも、何かを頼まれた人が「はい、ただいま」と返事をするときに使うこともあります。

...of means 金持ちの〜

A: I wish I'd been born into the Hilton family.
B: If you had, you'd be a man of means.
A: Yeah, and then I could retire and travel for the rest of my life.

A：ヒルトン家に生まれてたらよかったな。
B：もしそうだったら、金持ちだっただろうね。
A：うん、そしたら引退して一生旅行できたのに。

名詞の means には「手段」「方法」に加えて、「富」「資産」という意味もあります。means の前に形容詞が入る場合もあり、その性質によっては、... of modest means（つましい生活をしている〜）のように、「金持ち」とは逆の意味になることもあります。

because of... 〜が原因で、〜のおかげで

A: Because of you, I became a doctor.
B: Really? What did I do?
A: Years ago we talked for a long time about the importance of health care.

A：あなたのおかげで、私は医者になったの。
B：本当に？　僕が何をしたっけ？
A：何年も前、医療の大切さについて長い時間話したでしょう。

「なぜなら」という言葉には because、since、as などがありますが、それらの後に続くのは文でなければなりません。名詞や名詞句が続く場合は、because の後に必ず of を付けてつなぎましょう。

instead of...　　　〜の代わりに、〜ではなく

A: Can we go to Singapore instead of Hong Kong?

B: Why?

A: I like the Singapore Zoo.

A：香港の代わりにシンガポールに行かない？
B：どうして？
A：シンガポール動物園が好きなの。

これも非常によく使われる表現です。instead は「代わりに」という意味の副詞で、Can we go to Singapore instead?（代わりにシンガポールに行かない？）のように使います。

of no consequence　　　大事ではない

A: What should we do about this problem?

B: Let's just ignore it because it is of no consequence.

A: You really think it's not important?

A：この問題についてはどうしたらいいかな？
B：どうでもいいことだから無視しよう。
A：本当に大事じゃないと思うの？

consequence には「結果」「結末」などに加え、「重大性」という意味もあります。... of consequence といった場合は、「重大な〜」という意味になります。

Exercise

理解度チェック問題 1

以下の例文のうち、of の使い方が正しいものには○、間違っているものには×を付けてみましょう。

1. It was so nice of you to send flowers on my birthday. _____

2. In the winter, I dream of summer. _____

3. He is a modern man, a man of his era. _____

4. My dogs eat their food of the dog bowl. _____

5. Of here to there takes 50 minutes. _____

6. Of the three of us, Ben is the best cook. _____

7. Jim ran into an old friend of his at the party. _____

8. She is the officer in charge of the security division. _____

9. Mr. Smith likes the smell of coffee. _____

10. Humans first landed of the moon in 1969. _____

Exercise

理解度チェック問題

2 次の例文の（　　　）内の語を並び替え、's または of で補って文を完成させてみましょう。必要な場合は冠詞も補ってください。

1. She is planning a party for (her friend / birthday).

2. He parked his car in (bookstore / back).

3. I bought him (Shakespeare / play) because he likes classic literature.

4. He asked (one / waiters) for a wine list.

5. (George / cell phone) has built-in GPS.

6. The (Chicago / city) has a population of 2.8 million people.

7. She bought (two acres / land) to build her dream house.

8. There are only $300 left in (Kate / bank account).

9. You need to listen to (doctor / advice) if you want to get better.

10. When it comes to my favorite movie, *Jaws* is on (list / top).

Answers

理解度チェック問題 1

こたえ

1. ◯ 「誕生日に花を贈ってくださって、ありがとうございます」

2. ◯ 「冬になると私は夏を夢見る」

3. ◯ 「彼は現代的な男、つまり時代の申し子だ」

4. ✗ 「私の犬たちは犬用の皿からえさを食べる」この文では、犬が「皿から」食べると考えるのが最も自然なので、正しくは from です。(from の使い方は 158〜162 ページで解説しています)

5. ✗ 「ここからあそこまでは50分かかる」この文では、最初に To go が省略されていますが、from と to がセットで「〜から〜まで」という意味になるので、正しくは from です。(from の使い方は 158〜162 ページで解説しています)

6. ◯ 「私たち3人の中ではベンが一番料理がうまい」

7. ◯ 「ジムはそのパーティーで昔の友達にばったり会った」

8. ◯ 「彼女は保安課の指揮官だ」

9. ◯ 「スミスさんはコーヒーの香りが好きだ」

10. ✗ 「人類は1969年に初めて月に上陸した」この文では、「月の上」に上陸したと考えるのが自然なので、正しくは on です。

理解度チェック問題 2

こたえ

1. her friend's birthday 「彼女は友達の誕生日のためにパーティーを計画している」

2. back of the a bookstore 「彼は本屋の裏に車を止めた」

3. a play of Shakespeare's 「彼は古典文学が好きなので、私は彼にシェークスピア戯曲を買った」

4. one of the waiters 「彼はウェーターの一人にワインリストを要求した」

5. George's cell phone 「ジョージの携帯電話にはGPSが内蔵されている」

6. city of Chicago 「シカゴ市の人口は280万だ」

7. two acres of land 「彼女は理想の家を建てるために2エーカーの土地を買った」

8. Kate's bank account 「ケイトの銀行口座にはもう300ドルしか残っていない」

9. the doctor's advice 「良くなりたいなら医者のアドバイスを聞かなければならない」

10. top of the list 「私が好きな映画といえば、リストの一番上に来るのは『ジョーズ』だ」

前置詞

by

曲：By My Side
（僕のそばで）

Track 5

Karaoke Track 14

By My Side

歌詞はこちら！

track 05 / track 14 (カラオケ)
日本語訳は次のページ！

in the big house by① the tree
there's a painting by④ a man
who lived in a village by① the sea
on an island of sun and sand

5　by⑤ selling it all
I'll buy a boat
no bigger than 14 by⑧ 5
and by⑥ sail I'd leave tonight
if you'd be by① my side

(chorus)
10　by① my side
by① my side
by③ the morning we'll be gone
and you'll be by① my side

carried by④ our boat under the sun
15　we'll watch the waves pass by②
and as they roll on one by⑦ one
you'll be by① my side

we'll reach the islands by[3] sunset time
and dance the night away
singing songs by[1] firelight
and you'll be by[1] my side

(repeat chorus ×3)

＊ 歌詞内の by に付いている番号は、112〜122 ページで解説している「by の種類」に対応しています。

曲の背景

By My Side はこんな歌！

毎日の義務や責任から逃れて常夏の島にエスケープ・・・なんて、誰でも一度は夢見たことがありますよね？ この歌は、平凡な生活を送るごくごく普通の男性が、今の暮らしを捨て、すてきな女性と一緒にやり直したいと願う気持ちを歌った歌です。タイトルの By My Side は、「隣にいる」という物理的な距離だけでなく、精神的な近さも表現しています。登場するそれぞれの by に込められた想いを想像しながら、聞いて、歌ってみましょう。

日本語訳
僕のそばで

木のそばにある大きな家に
ある男が描いた絵がある
彼は海辺の村に住んでいた
そこは太陽と砂の島

すべてを売り払って
僕は小舟を買うだろう
長さ14フィート、幅5フィートほどもない
そして今夜小舟でたつだろう
君が僕のそばにいてくれるなら

(※)
僕のそばに
僕のそばに
朝までには僕らはいなくなっているだろう
そして君は僕のそばにいるだろう

太陽の下、小舟に運ばれて
波が通り過ぎていくのを見守ろう
そして波が一波一波押し寄せてくるとき
君は僕のそばにいるだろう

僕らは夕暮れまでには島に着くだろう

そして夜明けまで踊り続けることだろう

火明かりのわきで歌を歌いながら

そして君は僕のそばにいるだろう

（※　くり返し×3）

知ってましたか？こんな名曲にも by が！

Stand by Me

Ben E. King
ベン・E・キング

「ベン・E・キング・ベスト」

1961年にヒットし、ジョン・レノンなど多くのアーティストにカバーされた名曲。1986年には同名の映画でリバイバル・ヒット。stand by ... には、文字どおり「〜のそばに立つ」という意味に加え、「〜の支えになる」「〜の味方をする」という意味があり、歌詞も「何があってもそばにいて」というメッセージをストレートに伝える内容です。

前置詞 by はこう使う！

前置詞 by の基本的なイメージは「近くにあること」です。①「物と物が近くにあること」に加え、②「近くを通り過ぎる動き」を示すために使われます。また、③「期限」、④受動態の文における「動作主」、⑤「手段・方法」、⑥「交通・通信手段」、⑦「進行・差異」、⑧「寸法」を示すために使われることもあります。

① 「近接」を示す by

前置詞 by は物と物が互いの近くにあることを示すのに最もよく使われます。いくつか例を見てみましょう。

- The box is by the table. 　　（その箱はテーブルのわきにある）
- The cat is by the car. 　　（そのネコは車のそばにいる）
- The child is by the house. 　　（その子どもは家の近くにいる）

上の各例文で言及される二つの名詞は、物理的に近接しています。従って、箱は「テーブルの近く」に、ネコは「車の近く」に、そして子どもは「家の近く」に位置していることがわかります。

今回の歌「By My Side」の中には、by がこの用法で使われている例がたくさん出てきます。

1行目：in the big house by the tree 　　（木のそばにある大きな家に）
3行目：in a village by the sea 　　（海辺の村に）
9行目：if you'd be by my side 　　（君が僕のそばにいてくれるなら）

前置詞 by はこう使う！

20行目：singing songs by firelight

（火明かりのそばで歌を歌いながら）

　最初の一節では、by は家が「木の近く」に建っていることを示しています。二つ目の節では、村が「海のそば」、つまり海辺にあることを示しています。三つ目の節では、by は、君が「僕のそば」にいる状態を示しており、これには物理的な近さだけでなく、精神的な近さの意味も込められています。最後の節では、by は「火明かりのそば」で歌っている状況を表しています。

② 「近くを通り過ぎる動き」を示すby

　前置詞 by は、動作を表す動詞の後ろに付くと「〜の近くを通り過ぎて」という意味になります。基本的なイメージは①と同じように、「近い」というイメージです。

▸ The thief ran by us as he escaped.
（泥棒は逃げる際、私たちのわきを走り過ぎていった）
▸ A police car drove by the accident but didn't stop.
（パトカーが事故現場のわきを通り過ぎたが停車しなかった）

どちらの例文でも、物や人が別の物や人の近くを通過しています。

　drop by ...（〜にひょっこり立ち寄る）や stop by ...（途中で〜に立ち寄る）のように、この用法から発展してできた慣用表現もあります。

▸ He dropped by our house after work.

（彼は仕事の後、私たちの家に立ち寄った）

▸ She stopped by the supermarket on her way home.

（彼女は帰宅途中にスーパーに立ち寄った）

どちらの例文でも、drop by … や stop by … を使うことにより、その人物がその場所を訪れたのは一時的なことであり、その後も引き続き目的地へ移動を続けたことを表しています。最初の例文では、この人物は「私たちの家」を訪れた後、引き続き別の場所に向かったことが想定されており、二つ目の例文でも同様に、「スーパーに」寄った後、そのまま帰宅したことが想定されています。

では、次の一節のように、by の後ろに名詞が続かない場合はどうでしょうか？

15行目：we'll watch the waves pass by

（僕らは波が通り過ぎていくのを見守るだろう）

このような場合、by は副詞という分類になりますが、基本的な意味は変わらず、近くを通り過ぎる動きを示します。

③「期限」を示すby

時刻や特定の時間帯を表す表現とともに使われる場合、前置詞 by は、「〜までには」という意味になります。つまり、その時間と同じか、それより前に何かが起きることを示します。

前置詞 by はこう使う！

▸ The plane will arrive by 7:00.

（飛行機は7時までには到着するだろう）

　この例文は、飛行機が「7時までに」到着する、つまり、実際に到着する正確な時刻はわからないものの、予定される最終時刻は7時だということを示しています。

▸ I must turn this report in by tomorrow.

（私は明日までにこのレポートを提出しなければならない）

　この例文では、by はレポートの締め切りが明日であることを示しています。この用法の by は歌にも登場します。

12行目：by the morning we'll be gone

（朝までには僕らはいなくなっているだろう）

日本人はここを間違えやすい！

　期限を表す前置詞には until という単語もありますが、by と until は文脈によって意味が変わるため、混同されがちです。この二つの違い、わかりますか？

▸ I'll be home by 5:00.
▸ I'll be home until 5:00.

　最初の文は、「（現在は外出しているが）5時までには家にいるようにする」という意味です。それに対し、二文目は「（現在、家にいて）5時までは家にいるつもりだ」という意味で、この二文はまったく逆の意味なのです！

115

「朝」は正確な時刻ではなく漠然とした時間表現ですが、by はそういった言葉とともに使うこともできます。

④「動作主」を示すby

能動態の文を受動態にする場合、元の文の動詞の目的語が主語になり、行動を取った動作主が前置詞 by を使って示されます。

- (能動態) Bob hit Tom. 　　　　　（ボブはトムをたたいた）
- (受動態) Tom was hit by Bob. 　　（トムはボブにたたかれた）

受動態の文では、必ずしも動作主について触れる必要はないので、次のように動作主を省略することも可能です。

- Tom was hit. 　　　　　　　　　（トムはたたかれた）

しかし、動作主について言及する場合には、by を使います。

- (能動態) The hurricane destroyed the town.
  　　　　　　　　　　　　（ハリケーンがその町を破壊した）
- (受動態) The town was destroyed by the hurricane.
  　　　　　　　　　　（その町はハリケーンによって破壊された）

- (能動態) The dog ate the cake.
  　　　　　　　　　　　（犬がそのケーキを食べてしまった）

前置詞 by はこう使う！

▶（受動態）The cake was eaten by the dog.
（そのケーキは犬に食べられてしまった）

また、芸術作品などの作者を表す場合は、しばしば「作る」という意味の言葉を省略し、作品を表す名詞の後に by を続けて「〜著の」「〜作の」という意味で使います。

▶ The new book by Bill Gates is interesting.
（ビル・ゲイツの新しい本は興味深い）
▶ The Mona Lisa is the most famous portrait by Leonardo da Vinci.
（モナ・リザはレオナルド・ダビンチによる最も有名な肖像画だ）

最初の例文では、the new book written by Bill Gates（ビル・ゲイツが書いた新しい本）の written が省略されていると考えることができます。二文目では、the most famous portrait painted by Leonardo da Vinci（レオナルド・ダビンチが描いた最も有名な肖像画）の painted が省略されていると考えられます。歌に登場する例も見てみましょう。

2行目：there's a painting by a man
（ある男によって描かれた絵がある）

ここでも、painting の後に created や done などの動詞が省略されていると考えることができます。

⑤「手段・方法」を示す by

前置詞 by は、行動を達成するために使われた手段や方法を表すこともあります。このような by は、しばしば後ろに ing 形の動詞を伴います。

▸ He fixed the television by hitting it.
(彼はテレビをたたいて直した)
▸ He showed his anger by frowning.
(彼は顔をしかめて怒りを表した)

最初の例文の by は、どのようにしてテレビを直したのか説明しており、二文目では、どう怒りを表したのか説明しています。歌の歌詞でも見てみましょう。

5-6行目：by selling it all I'll buy a boat
(すべてを売り払って僕は小舟を買うだろう)

ここでは、by は小舟を買うための手段を表しています。

⑥「交通・通信手段」を示す by

by は、交通・通信手段を示すこともあります。

▸ We went to Paris by train.　　(私たちは列車でパリに行った)

前置詞 by はこう使う！

▶ I go to school <u>by bus</u> every day.
（私は毎日バスで学校に通っている）

▶ It takes six hours <u>by plane</u> to reach Los Angeles from here.
（ここからロサンゼルスまで飛行機で6時間かかる）

日本人はここを間違えやすい！

by を使って交通・通信手段を表す場合、by の後ろには冠詞その他の限定詞が付きません。

? We went to Los Angeles by <u>the</u> airplane.
（私たちはその飛行機沿いにロサンゼルスに行った）
○ We went to Los Angeles by airplane.
（私たちは飛行機でロサンゼルスに行った）

上の例のように、限定詞が付くと、ほかの意味を表す by と紛らわしくなってしまうのです。限定詞を付ける場合は、in などを用いましょう。

? We went <u>by a car</u>. （私たちは車のそばを通り過ぎた）
○ We went <u>by car</u>. （私たちは車で行った）
○ We went <u>in his car</u>. （私たちは彼の車で行った）

では、次の例はどうでしょうか？

? He is scheduled to leave <u>by</u> the 10 o'clock train.
（彼は10時の電車までにはたつ予定だ）
○ He is scheduled to leave <u>on</u> the 10 o'clock train.
（彼は10時の電車でたつ予定だ）

ここでは、by を使うと「期限」の意味になってしまうので、on を用いるのが正解です。

119

▸ Could you send the map by fax?
（その地図をファクスで送ってもらえますか？）

　上記の各例文では、それぞれ列車、バス、飛行機が交通手段、ファクスが通信手段となっています。このように使う場合、by の後には限定詞なしで交通手段や通信手段が続きます。

　歌に登場する例も見てみましょう。

8行目：by sail I'd leave tonight　　　（僕は今夜、舟でたつだろう）

　この一節でも、by によって「舟」という交通手段が示されています。by sail は by sailing ship（帆船で）を縮めた表現で、帆のない舟の場合は、船の特徴によって by ship、by boat などが使われます。

⑦「進行・差異」を示すby

前置詞 by は、物事が進行する様子を表す場合もあります。

▸ Day by day, the weather got colder.
（日に日に気候が寒くなった）
▸ The virus spread city by city.
（ウイルスは都市から都市へと広がった）
▸ Step by step the stranger approached her.
（その見知らぬ人は一歩ずつ彼女に近付いていった）

前置詞 by はこう使う！

　これらの各例文において、by を含む部分は、直前にある名詞をくり返すことによって、「〜ずつ」「〜ごとに」という進行の度合いを表しています。最初の文では「一日」、二文目では「都市」、三文目では「一歩」が、それぞれ量的単位として示されています。歌にもこの用法の by が出てきます。

16行目：and as they roll on one by one

（そして波が一つずつうねる中）

　波がうねるのは一度に一波ずつですが、この一節は、それが次々と続いている、という様子を表しています。

　また、by は次の文のように差異を示す場合もあります。

▸ The price has fallen by 10 percent.

（その価格は10％下がった）

　このような場合、by の後ろには数字が続き、「〜の差で」「〜だけ」という意味になります。

⑧「寸法」を示すby

前置詞 by はまた、寸法を示す際にも使われます。

▸ The living room is three meters by four meters.

（その居間は縦3メートル、横4メートルだ）

▸ The post office does not accept packages bigger than <u>12 inches by 12 inches.</u>
　　　（郵便局は縦12インチ、横12インチより大きい小包は受け付けない）

　これらの例文では、by が物の縦と横の寸法を示しています。習慣的には、縦（長さ）の後に横（幅）を続けます。書面では、by は次のように「×（かける）」の記号に置き換えられる場合も多々あります。

▸ The living room is <u>3 × 4 meters.</u>（居間は縦3、横4メートルだ）

　記号を使った場合でも、声に出して読む際は、×は by と読まれます。歌詞に登場する例も見てみましょう。

7行目：no bigger than 14 by 5
　　　　　　　　　　　（全長14フィート、幅5フィートほどの大きさもない）

　この一節は、歌詞の中に登場する小舟の大きさを表しています。単位は、省略されていますが、一般的に用いられる長さの単位「フィート」と考えるのが自然です。

by を使って英会話!

☆ by now そろそろ、もう

A: Do you think they're home yet?

B: By now, they should be home. But if their plane was delayed they may still be at the airport.

A: Well, I hope they are back home.

> A：彼ら、もう家に着いてると思う?
> B：そろそろ着いてるんじゃないかな。
> 　　でも、もし飛行機が遅れてたらまだ空港かもしれない。
> A：まあ、着いてるといいけど。

この表現は「今ごろはもう〜」という意味です。単語のイメージから so far（これまでに）や until now（今まで）などと混同しないよう、気を付けましょう。

by the way
ところで、ちなみに

A: Well, it was nice chatting. Have a nice night!

B: You too! Oh, by the way, what are you doing next Friday?

A: I'm free. Would you like to go out?

A：さてと、お話できて楽しかった。すてきな夜を過ごしてくださいね！
B：君も！　ああ、ところで、次の金曜は何してますか？
A：空いてますよ。デートしましょうか？

by the way は、話題を変えるときに使う表現です。カジュアルなメールやインターネットでは、BTW と略して使うこともよくあるので、覚えておくとよいですね！

by day
日中は、昼間は

A: By day, I work as a teacher.

B: Yes, and by night, you are a rock star, right?

A: My life is pretty busy.

A：僕は昼間は教師として働いてるんだ。
B：うん、それで夜はロックスターになるんでしょ？
A：なかなか忙しい生活だよ。

by day は、しばしば by night とセットで登場する表現です。by day and (by) night というと「昼夜を問わず」、つまり「一日中」という意味になります。

by を使って英会話！

★ by all means　　もちろん、ぜひとも

A: Do you mind if I borrow your book?

B: By all means, feel free to borrow anything you want.

A: Thank you very much.

A：君の本を借りてもいい？
B：どうぞどうぞ、何でも好きなのを借りてって。
A：どうもありがとう。

文脈によっては「何としてでも」という意味にもなりますが、その場合は下記の by any means necessary を使うと、より意味がクリアになります。

★ by any means necessary　　どんな手段を使っても

A: Your mission is very important, and you need to succeed.

B: Can I use force if necessary?

A: You are licensed to achieve your goals by any means necessary, James.

A：君の使命は任務に重大なものなので、成功してもらわなければならない。
B：必要であれば武力を行使してもよろしいでしょうか？
A：君にはどんな手段を使ってでも目的を達成することを許そう、ジェームズ。

ここでの means は「手段」という意味で、単数形・複数形にかかわらず、必ず最後に s が付きます。この表現は、1960年代、アメリカの急進的黒人指導者マルコム X が自らのスピーチの中で使ったことから一般に広まったといわれています。

Exercise

理解度チェック問題

1 以下の例文のうち、by の使い方が正しいものには○、間違っているものには×を付けてみましょう。

1. She missed the train by one minute. _____

2. If you swim by the river, you will get to the other side. _____

3. He lives by the ocean. _____

4. If you buy a ticket by 3 p.m., it is half price. _____

5. I want to walk by here to there. _____

6. By Mondays, I study French. _____

7. I am getting older by the year. _____

8. The boy hit the dog by a stick. _____

9. Her dress was made by a professional. _____

10. Do your work by the book. _____

Exercise

理解度チェック問題

2 次の 1〜7 と同じ by の使い方をしている例文を、a〜g の中から選んでみましょう。

1. He should be here by tomorrow. _____
2. He calmed the baby by singing. _____
3. I was arrested by the police. _____
4. My grandparents are coming from Korea by ship. _____
5. The girl smiled as she passed by my desk. _____
6. Could you hand me that box by the phone? _____
7. He adjusted the telescope by 10 degrees. _____

a. The apartment by the river was built two years ago.
b. It only takes two hours if you go there by air.
c. She was taken to the hospital by her mother.
d. Her father is older than her mother by seven years.
e. By nightfall this nightclub will be full of teenagers.
f. He passed the test by cheating.
g. I always walk by the beach on my way to work.

Answers

理解度チェック問題 1

こたえ

1. ◯ 「彼女は1分の差で電車を逃してしまった」

2. ✕ 「川を泳いで渡れば、対岸に着くだろう」 swim by the river だと「川のわきで泳ぐ」という意味になります。川沿いに屋外プールがあるような状況では可能かもしれませんが、この文ではその後に「対岸に着く」と続いているので無理があります。正しくは across です。

3. ◯ 「彼は海辺に住んでいる」

4. ◯ 「午後3時までにチケットを買えば半額だ」

5. ✕ 「ここからあそこまで歩きたい」 この文では、from が to とセットで使われ「〜から…まで」という意味になるので、正しくは from です。(from の使い方は 158〜162 ページで解説しています)

6. ✕ 「私は月曜日はフランス語を勉強している」 by が時間の表現とともに使われる場合は「〜までに」という意味になるので、この文には当てはまりません。正しくは on です。

7. ◯ 「私は年ごとに年を重ねている」

8. ✕ 「その少年は犬を棒でたたいた」 「棒」は「たたく」ための道具なので、正しくは with です。(with の使い方は 198〜206 ページで解説しています)

9. ◯ 「彼女のドレスはプロが作ったものだ」

10. ◯ 「教科書どおりに勉強しなさい」 … by the book には「教科書に沿って〜する」「規則どおりに〜する」という意味があります。

理解度チェック問題 2

こたえ

1. e　1：「彼は明日までにはここに着くはずだ」　e：「夕暮れまでにこのナイトクラブは10代の若者でいっぱいになるだろう」　by はともに「～までには」という時間の期限を示しています。

2. f　2：「彼は歌うことで赤ちゃんを落ち着かせた」　f：「彼はカンニングをすることでテストに受かった」　by はともに手段・方法を示しています。

3. c　3：「私は警察に逮捕された」　c：「彼女は母親に病院に連れて行かれた」　ともに受動態の文で、by は「～によって」という動作主を示しています。

4. b　4：「祖父母は韓国から船でやってくる」　b：「飛行機で行けば、そこに行くのに2時間しかかからない」　by はともに交通手段を示しています。

5. g　5：「その女の子は私の机のわきを通り過ぎながらほほえんだ」　g：「いつも仕事に行くときはビーチ沿いに歩く」　by はともに何かの近くを通り過ぎる動きを示しています。

6. a　6：「電話のわきの、あの箱を取ってくれない？」　a：「川沿いのあのアパートは2年前に建てられた」　by はともに二つのものが近くにある状態を示しています。

7. d　7：「彼は望遠鏡を10度調節した」　d：「彼女の父親は母親より7歳年上だ」　by はともに差異を示しています。

前置詞

to

曲：To Love a Girl
（愛すること）

Track 6

Karaoke Track 15

歌詞はこちら！

To Love a Girl

track 06 / track 15（カラオケ）
日本語訳は次のページ！

when she's talking to[2] me
it's so hard to[3] see
I'm leaping headfirst
into[6] the depths of the sea

5　to[3] love her is my
exclusive design
I'm trying to[3] find
a way into[6] her mind

I would get into[6] a fight
10　in order to[4] see her every night
I know

climb onto[5] the roof and shout
if I thought she might come out
and say hello
15　say hello…

'cause it's not easy
to[3] love a girl

oh, she's getting to[7] me
it's plain to[3] see
20　to[2] anyone but me

I'll walk to① the maze
to① the streets where she stays
try to③ find her

'cause it's not easy
no it's not easy
to③ love a girl

＊ 歌詞内の to に付いている番号は、136〜144
ページで解説している「to の種類」に対応して
います。

曲の背景

To Love a Girl はこんな歌！

誰でも一度は理想の恋を思い描くものですが、実際の恋愛となると、なかなか思い通りにはいかないのが世の常です。誰かを好きになる気持ちは唐突にやってきて、そこから先はとまどいと不安の連続。「向こうは自分のことをどう思っているのだろう」「どうすれば振り向いてもらえるのだろう」・・・そんなことを考えれば考えるほど、迷宮に入ってしまい、頭がおかしくなりそうになる。この歌は、そんな恋のメランコリーを表現しています。

日本語訳
愛すること

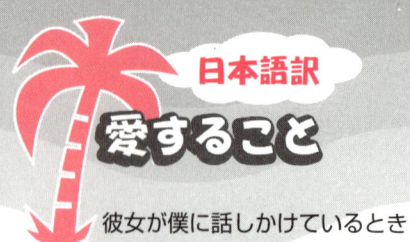

彼女が僕に話しかけているとき
気付くのはとても難しい
僕は頭から飛び込んでいる
海の深いところへ

彼女を愛することが僕の
たったひとつの設計図
見つけようとしているんだ
彼女の心に入り込む方法を

僕はけんかもするだろう
毎晩彼女に会うためなら
わかっているんだ

屋根の上によじ登って叫びもするさ
彼女が姿を現して
あいさつしてくれるかもしれないって思ったら
あいさつしてくれるかもって・・・

だってやさしいことではないから
女性を愛することは

ああ、彼女のことを思うと気が狂いそうだ
はっきりしてるんだ
僕以外のみんなには

僕は迷路へと歩いていくよ

彼女のいる通りの方へ

彼女を見つけようと

だってやさしいことではないから

そう、やさしいことではない

女性を愛することは

知ってましたか？こんな名曲にも to が！

Ticket to Ride
The Beatles
ビートルズ

サビの中で何度もくり返される She's got a ticket to ride というフレーズが印象的な、ビートルズ初期の名曲。タイトルの由来は、「（イギリスの）フェリー港ライド（Ryde）までの切符」＝Ticket to Ryde にかけたしゃれとのことです。邦題は「涙の乗車券」で、英・米で1位を獲得した27曲を収録したベストアルバム「ザ・ビートルズ」にも収録されています。

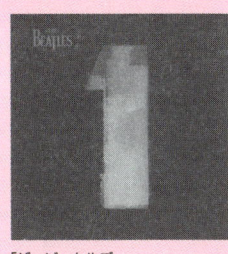

「ザ・ビートルズ
The Beatles 1」
東芝EMIより発売中

前置詞 to はこう使う！

前置詞 to は主に動作の①「目的地」や「方向」、そしてその②「対象」を示すために使われます。また、③不定詞を形成するほか、④in order to などのフレーズの一部として使われたり、他の前置詞と組み合わさって⑤onto や⑥into などの複合前置詞になったりします。⑦慣用表現で使われる場合もあります。

①「目的地」を示すto

前置詞 to は go や come などの動作動詞と組み合わせて使われ、目的地を示します。いくつか例を見てみましょう。

- We went to the store.　　　　　（私たちはその店に行った）
- The ship sailed to the foreign land.
　　　　　　　　　　　　　　（その船は異国の地に航海した）
- I traveled by train to Mexico.　（私は列車でメキシコへ旅した）

このように使われる場合、前置詞 to は行動の物理的な目的地を指します。上記の例文では、それぞれ「店」「異国の地」「メキシコ」が文中で行われている行為の目的地であることがわかります。

今回の歌「To Love a Girl」でも見てみましょう。

21行目：I'll walk to the maze　　　　（僕は迷路へと歩いていく）

ここでは walk が動作動詞で、the maze がその目的地になっています。to は必ず動作動詞と一緒に使われるので、次のような文

前置詞 to はこう使う！

は誤りです。

✗ He is to the store.

動詞 is（be）は動作ではなく存在を示すので、ここで前置詞 to を使うことはできません。

②「対象」を示すto

前置詞 to は基本的に方向を示しますが、しばしば動詞とともに使われ、動作の対象を示します。この用法の to は、give や lend など、直接目的語と間接目的語を必要とする動詞とともに使われるのが一般的です。

▸ I gave my homework to my teacher.

（私は先生に宿題を渡した）

日本人はここを間違えやすい！

目的地を示す to は、here、there、somewhere、anywhere、nowhere、everywhere など、場所を示す副詞とは一緒に使えません。to は入れずに使いましょう。

✗ When I went to there I saw Tom.
○ When I went there I saw Tom.（そこへ行ったときトムを見た）

日本語では「ここ」「あそこ」「どこ」などは名詞として使うので、紛らわしいですね！

▸ He lent his car to his brother. 　　　　（彼は弟に車を貸した）
▸ The President assigned a new task to the agency.
　　　　　　　　　　　　　　（大統領はその機関に新たな任務を与えた）

　上記の各例文では、直接目的語（my homework、his car、a new task）が人から人や組織へと移動しています。直接目的語が移動する対象は間接目的語ですが、to の後に来る名詞が、その間接目的語となります。最初の例文では my teacher（間接目的語）が my homework（直接目的語）を受け取り、二番目の例文では his brother（間接目的語）が his car（直接目的語）を受け取り、最後の例文では the agency（間接目的語）が a new task（直接目的語）を受け取る、という構造です。

　to はまた、talk など、直接目的語も間接目的語も必要としない動詞とともに使われることもあります。次の二つの例文を比較してみましょう。

▸ She's married. 　　　　　　　　　　（彼女は結婚している）
▸ She's married to Mike. 　　　　（彼女はマイクと結婚している）

　最初の文では、文の主語である彼女が結婚しているということしかわかりませんが、二文目ではその対象がマイクであることが示されています。

1行目：when she's talking to me 　（彼女が僕に話しかけているとき）

前置詞 to はこう使う！

19-20行目：it's plain to see to anyone but me

（僕以外の人にとっては明らかだ）

最初の一節では、to は会話の「方向」、そしてその動作の対象が僕であることを示しています。二つ目の節では、to により、明らかであるということが「僕以外の人について」述べられているとわかります。

③ 不定詞を形成するto

to は後ろに動詞の原形をともない、to 不定詞を構成します。このような to は、通常の前置詞の to とは性格が異なりますが、前置詞句では常に to の後に名詞や名詞句が続くのに対し、不定詞句ではto の後には必ず動詞や動詞句が続くため、簡単に見わけることができます。いくつか例を見てみましょう。

- I want to travel around the world. 　（私は世界中を旅したい）
- I like to go skiing in the winter.

（私は冬はスキーに行くのが好きだ）

want や like などの動詞は、従属節を持つ場合、後ろに不定詞が続く必要があります。このとき、不定詞は時制を持たず、単独でも存在できないので、主節に付随しなければなりません。歌詞に登場する例でも見てみましょう。

2行目：it's so hard to see 　　　　　（気付くのはとても難しい）

16-17行目：it's not easy to love a girl
（女性を愛するのは簡単ではない）

23行目：try to find her （彼女を見つけようとする）

　最初の一節では、to の後に see という動詞が続いており、何が難しいのかを示しています。二つ目の節では、to 以降の語句により、何が簡単でないのかが表されています。最後の一節でも、to の後に find her という具体的な行動が示されており、try の内容を補完する役割を果たしています。

　不定詞は、文の主語として名詞的に使われることもあります。例えば次のような文があります。

△ To start a new company is a lot of work.
（会社を興すのは大仕事だ）

　ただし、このような文はぎこちなく聞こえるため、あまり好まれません。通常は、it を形式主語にして文中の単語を置き換えます。

○ It is a lot of work to start a new company.

　歌にも to を主語にして文頭に置いた文が登場します。

5-6行目：to love her is my exclusive design
（彼女を愛することが僕の唯一の設計図だ）

前置詞 to はこう使う！

これも、次のように書き換えることができます。

○ It is my exclusive design to love her.

通常、会話などで使う場合は、こちらの方が自然に聞こえます。

④ 慣用表現 in order to

不定詞節と関連する表現に、in order to … という表現があります。これは、so as to … と同じように、「～するために」「～するには」という意味です。in order to の後ろには、常に動詞の原形が続きます。

- They jumped out of the window in order to escape.
 （逃亡するために彼らは窓から飛び出した）
- You must have an ID number in order to pay your taxes. （税金を払うには身分証明番号が必要だ）
- In order to see this film, you must be at least 18 years old. （この映画を見るには最低18歳でなければならない）

最初の例文では、in order to により、飛び出した「目的」が逃亡であったことが示されています。二文目では、in order to により、身分証明番号が税金を払うための「条件」であることがわかります。最後の文でも、in order to により、映画を見るための「条件」が最低18歳であることがわかります。

in order to は、次のように to で代用することも可能ですが、in order to を使うことによって、目的や動作の制限を示していることが、よりはっきりします。

- They jumped out of the window to escape.
- You must have an ID number to pay your taxes.
- To see this film, you must be at least 18 years old.

歌に登場する例も見てみましょう。

9-10行目：I would get into a fight in order to see her every night　　（毎晩彼女に会うためなら僕はけんかもするだろう）

ここでも、けんかをすることの「目的」が毎晩彼女に会うことであるとわかります。

⑤ 複合前置詞onto

　on と to が組み合わさった複合前置詞に onto があります。これは、表面への動きを示すために使われます。いくつか例を見てみましょう。

- The water spilled onto the floor.　　（水が床の上にこぼれた）
- He climbed onto the stage.　　（彼はステージに上った）

多くの場合、次のように onto を on に置き換えられます。

> The water spilled on the floor.
> He climbed on the stage.

　意味の違いはほとんどありませんが、onto はある場所への「動き」を強調しており、on はその場所自体を強調しているといえます。歌に登場する例も見てみましょう。

12行目：climb onto the roof and shout

（屋根の上によじ登って叫ぶ）

　この一節では、歌い手は屋根という平面の上によじ登るという動作を行っていますが、on の代わりに onto が使われていることから、場所だけでなく「動き」も強調していることがわかります。

⑥ 複合前置詞 into

　into も in と to が組み合わさった複合前置詞です。これは、外部から内部への動きを示します。いくつか例を見てみましょう。

> The policeman ran into the building.

（その警官は建物の中に駆け込んだ）

> The boy jumped into the pool.　（少年はプールに飛び込んだ）
> She poured coffee into the cup.

（彼女はカップにコーヒーを注いだ）

　ここに挙げた各例文は、すべて何かが対象物の外から内へと移動

する様子を表しています。最初の文では、警官が建物の外から中へ、二文目では、少年がプールの外から中へ、最後の文では、コーヒーがカップの外から中へと移動しています。

into はまた、次のように抽象的な意味でも使われます。

▸ They got into a fight. 　　　　　　　（彼らはけんかをした）
▸ The boys got into trouble. 　　　　（少年たちは面倒を起こした）

上記の例文のような表現では、fight や trouble は「中に入り込むことができるもの」というイメージで、into が使われています。従って、get into a fight という表現は、それまでけんかをしていなかった人がけんかという状態に入ったというニュアンスです。同様に、get into trouble は、問題を抱えていなかった人が突然厄介な状況に入り込んだというニュアンスです。

⑦ 慣用表現に含まれるto

to は、さまざまな慣用表現の一部としても使われています。歌詞に登場する例を見てみましょう。

18行目：Oh, she's getting to me
　　　　　　　　　　　　（ああ、彼女を思うと気が狂いそうだ）

get to ... は「〜を参らせる」「〜を困らせる」という意味です。

to を使って英会話！

☆ to date　　　　　　　　　　　　　今まで、これまでに

A: What have you accomplished this week?

B: Well, to date, I've finished three of the reports and I have three left.

A: Nice work!

　A：今週は何を達成したの？
　B：えーと、これまでにレポートを3つ終えて、残すはあと3つ。
　A：それは頑張ったね！

これは直訳すると「この日までに」という意味で、似た表現に so far、to this day などがあります。

have...(all) to oneself　　〜を独り占めして

A: How was the bus ride?

B: Fine. I was the only passenger, so I had the whole bus all to myself.

A: Lucky you!

A：バスに乗って、どうだった？
B：よかったよ。客は僕だけだったから、バスを丸ごと独り占めできて。
A：それはラッキーだったね！

これは会話にはよく登場するフレーズですが、同じ「独占」でも「市場を独占する」など、硬い内容のものについては monopolize などの単語を使います。

to begin with　　そもそも、まずは

A: What is the matter?

B: To begin with, you're 15 minutes late picking me up.

A: I'm sorry!

A：どうしたの？
B：まず最初に、あなたが迎えに来るのが 15 分も遅い。
A：ごめん！

このフレーズは直訳すると「始めるにあたって」となり、この to は不定詞を形成する to です。似た意味の表現に in the first place、first of all、to start with といったものがあります。

to を使って英会話！

☆ take...to task　　　　　　　〜を非難する、〜をしかる

A: I think we need to talk to him about his misleading comments.

B: Yeah, we need to take him to task on this.

A: If we don't confront him, he may continue misleading people.

A：誤解を招くような彼のコメントについて、彼と話した方がいいと思うんだけど。
B：うん、それについては、しかっておかないとね。
A：きちんと向き合っておかないと、人に誤解を与え続けるかもしれないからね。

このフレーズは、「〜をとがめる」「〜をしかる」という意味で、call ... to task、bring ... to task といった言い方もします。

☆ To...!　　　　　　　　　　　　〜に乾杯！

A: I'd like to propose a toast for this next round of beers. To us!

B: To us!

A: To many more happy years together!

A：次のビールの乾杯の音頭を取りたいと思います。私たちに乾杯！
B：乾杯！
A：これからも一緒に楽しく過ごせますように！

「〜に乾杯！」というとき、To our friendship!（私たちの友情に乾杯！）、To Susan!（スーザンに乾杯！）のように、To ... ! という形を使います。特に乾杯を捧げる人や物がないときは、Cheers! もよく使われます。

Exercise

理解度チェック問題

1 以下の例文のうち、to、onto、into の使い方が正しいものには○、間違っているものには×を付けてみましょう。

1. The escaping thief jumped onto the roof of the car. _____

2. My mom went into the store a few minutes ago. _____

3. I'm going into the movies tonight. _____

4. I want to play the piano. _____

5. My brother got onto an argument with his wife. _____

6. He put the box into the table. _____

7. The plane flew onto the cloud. _____

8. The astronauts went to the moon. _____

9. My parents moved onto Australia. _____

10. The professor walked to his office. _____

Exercise

理解度チェック問題

2 to、into、onto のうち、以下の例文の＿＿＿＿に当てはまる前置詞をすべて選んでください。複数当てはまる場合は、その違いを説明してみましょう。

1. The children ran _____ the store.

2. He placed the money _____ the counter.

3. They wanted _____ see the new movie.

4. The computer fell _____ the basket.

5. He dropped a cup _____ the floor.

6. The bird flew _____ its children.

7. The scientist looked _____ the microscope.

8. She likes _____ paint with watercolors.

9. I am going _____ work.

10. My little sister climbed _____ my dad's shoulders.

> **a**. to
> **b**. onto
> **c**. into

Answers

理解度チェック問題 1

こたえ

1. ○ 「逃亡中のその泥棒は、車の屋根に飛び乗った」

2. ○ 「母は数分前にその店に入った」

3. ✕ 「今夜、私は映画を見に行くつもりだ」 into を使うと「映画の（世界の）中に入る」という奇妙な意味になってしまうので、正しくは to です。

4. ○ 「私はピアノを弾きたい」

5. ✕ 「兄は妻と口論した」 argument は fight や trouble 同様、中に入り込むことができるもの、というイメージで、to ではなく into が使われます。

6. ✕ 「彼はその箱をテーブルの上に置いた」 テーブルの引き出しに箱を入れることはできても、テーブルの「中」に入れることはできないので、正しくは into ではなく onto です。

7. ✕ 「飛行機は雲の中に飛んで入っていった」 雲は上に乗ることができないものなので、正しくは onto ではなく into です。

8. ○ 「その宇宙飛行士たちは月へ行った」

9. ✕ 「私の両親はオーストラリアに引っ越した」 ある場所へ向かう、という場合は onto ではなく to を使います。

10. ○ 「教授は自分のオフィスに歩いていった」

Answers ➡ ★

理解度チェック問題 2

こたえ

1. a, c　a：「その子どもたちは店に向かって走っていった」　c：「その子どもたちは店の中に駆け込んだ」

2. b　「彼はカウンターの上へ金を置いた」 onto の代わりに on を使うことも可能ですが、on は「上に」という意味であるのに対し、onto は「上へ」という動きがあるイメージです。

3. a　「彼らはその新作の映画を見に行きたがった」 この to の後には see という動詞が続き、to 不定詞を形成しているため、to が唯一の選択肢です。

4. b, c　b：「そのコンピューターはバスケットの上に落ちた」　c：「そのコンピューターはバスケットの中に落ちた」 この状況で一般的に考えられるのは into です。onto を使った場合は、コンピューターが落ちてバスケットの上に載った、という状況です。

5. a, b　a：「彼はコップを床に落とした」　b：「彼はコップを床の上へ落とした」 この二つに加え、on もよく使われます。

6. a　「その鳥は自分の子どもたちに向かって飛んでいった」

7. a, c　a：「その科学者は顕微鏡の方に目をやった」　c：「その科学者は顕微鏡をのぞき込んだ」 look to … は「〜に目をやる」「〜に目を配る」、look into … は「〜をのぞき込む」という意味です。

8. a　「彼女は水彩で絵を描くのが好きだ」 この to の後には paint という動詞が続き、to 不定詞を形成しているため、to が唯一の選択肢です。

9. a　「私はこれから仕事をする」 この to の後には work という動詞が続き、to 不定詞を形成しているため、to が唯一の選択肢です。

10. a, b　a：「妹は父の肩に登った」　b：「妹は父の肩の上に登った」 to を使った場合は「肩に向かって登っている」イメージです。それに対し、onto を使った場合は「肩の上に登った」というイメージです。

前置詞

from

曲：Hear It From You
（君から聞きたい）

Track 7

Karaoke Track 16

歌詞はこちら！

Hear It From You

track 07 / track 16（カラオケ）
日本語訳は次のページ！

from[2] the first time that I saw you
on the train from[1] Shinjuku
I knew one day not far from[3] now
we'd go from[2] one to two

5　from[4] the feeling at that moment
I knew it must be true
but I'll never know for sure now
until I hear from[2] you

come on girl, tell me now
10　and free me from[3] this doubt of mine
'cause when I hear it from[2] you
I'll feel fine

feeling sick now from[4] this feeling
from[4] the worry you put me through
15　can't wait for days or weeks from[3] now
I need to hear from[2] you

all the other girls fade away from[3] view
'cause they all differ from[3] you
I can't sleep from[4] all this thinking
20　when will I hear from[2] you

come on now, tell me soon
and free me from[3] this doubt of mine
'cause when I hear it from[2] you

you'll be mine

25　come on now, tell me soon
　　and free me from③ this doubt of mine
　　'cause when I hear it from② you

　　come on girl please tell me
　　think of all we could be
30　and when I hear it from② you
　　I'll feel fine
　　hear it from② you
　　cross the line
　　hear it from② you
35　you'll be mine

　　＊ 歌詞内の from に付いている番号は、158〜162
　　　ページで解説している「from の種類」に対応して
　　　います。

曲の背景

Hear It From You はこんな歌！

乗った電車が駅で止まり、反対方向の電車の窓際にたたずむ誰かと目が合う。その瞬間、その人が自分にとっての「運命の人」だと直感・・・なんてことは映画や小説の中でしかありえないと思うかもしれませんが、百万が一にも、実際にそんなことが起こったら、どうでしょう？　この歌は、赤の他人との間に突然感じた結びつきについての歌です。説明のつかない恋心に胸をかき乱される主人公の気持ちになって聞いてみましょう。

日本語訳
君から聞きたい

初めて君を見たときから
新宿発の電車の中で
わかったんだ、遠くない未来に
僕たちがカップルになるだろうってことが

そのひとときの気持ちで
本物だってわかったんだ
でも今となっては確かめることなんてできない
君の口から聞くまでは

お願いだ、ガール、今すぐ教えてくれ
そして僕の不安を取り除いておくれ
君からそう聞いたら
すっきりするから

今この君への想いで気分が悪い
君に味わわされた不安のせいで
この先、何日も、何週間も待てないよ
君から聞かないといけないんだ

ほかの子たちはみんな目に入らなくなっていく
だって彼女たちはみんな君とは違いすぎる
そんなことをあれこれ考えて眠れない
いつになったら君から聞けるんだろう

さあお願いだ、早く教えてくれ
そして僕をこの不安から解き放しておくれ
だって君からそうだって聞いたら

君は僕のものになるだろう

さあお願いだ、早く教えてくれ

そして僕をこの不安から解き放しておくれ

だって君からそうだって聞いたら

お願いだ、ガール、教えておくれ

僕たちの未来を考えてごらんよ

そして君からそうだって聞いたら

すっきりするから

君から聞いたら

次に進める

君から聞いたら

君は僕のものになるだろう

知ってましたか？こんな名曲にも from が！

From the Bottom of My Broken Heart
Britney Spears
ブリトニー・スピアーズ

「ベイビー・ワン・モア・タイム」

16歳でデビューと同時に大ブレイクしたブリトニー・スピアーズが、2000年にリリースした初々しいバラード。失恋に終わってしまった初恋への未練を歌った切ない歌で、歌詞は、タイトルのとおり、元恋人への「壊れてしまった私の心の底から」のメッセージという形になっています。

前置詞 *from* はこう使う！

前置詞 from の基本的なイメージは、「出発点や起源」を示すことにあります。通常の①「動作の出発点」や、抽象的な意味も含む②「起源」のほか、③「分離・距離」を表したり、④「原因」を示すために使われることもあります。

① 「出発点」を示すfrom

物の位置を示す前置詞はたくさんありますが、前置詞 from は、出発点や原点を示すのに使われます。今回の歌「Hear It From You」の中から、わかりやすい例を見てみましょう。

2行目：on the train from Shinjuku　　　　（新宿発の電車の中で）

この一節では、電車が新宿から移動を始めたことを示すために from が使われています。from が出発点を表すために使われている例をほかにもいくつか挙げてみましょう。

▸ My boss is coming to my house from work.
（上司は職場から私の家に来る）
▸ The plane arrived from Tokyo several hours ago.
（その飛行機は数時間前に東京から到着した）

最初の例文では、上司が私の家へと移動しており、from はその移動が「職場から」始まることを示しています。二文目では、飛行機が「東京から」その航程を開始しており、from は飛行機の出発

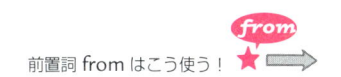

地点を示すために使われています。

②「起点・起源」を示すfrom

①の用法においては、from は文字どおり出発点である実在の場所を示すのに使われていますが、from はより広い意味で、あるいは抽象的に使われることもあります。

1行目：from the first time I saw you
(僕が君に初めて会ったときから)

7-8行目：I'll never know for sure now until I hear from you
(僕は君から連絡があるまで確実にはわからない)

最初の一節の from は、時間の流れの中のある特定の「時」、つまり歌い手の恋が始まった「起点」を指しています。二つ目の節の hear from ... は「〜から連絡がある」という意味です。from によって君が「連絡の起点」になっていることがわかります。ほかの例も見てみましょう。

▸ I got that gift from my father.
(私はその贈り物を父からもらった)

▸ I heard the news from my friend.
(私はそのニュースを友人から聞いた)

この二つの例文でも、from は物や情報が移動する「起点」を示しています。最初の例文では、贈り物が移動した起点が「父」であ

り、二文目では、ニュースが移動した起点が「私の友人」です。これらの文においては、それぞれ gift と news が直接目的語となっています。

③「分離・距離」を表すfrom

前置詞 from は、「起点」の意味から発展して、離れているというイメージで使われることもあります。分離や距離を表すために from が使われている例をいくつか見てみましょう。

▸ The school is not far from here.　（学校はここから遠くない）
▸ We wandered from the path.　　（私たちは道からそれた）

日本人はここを間違えやすい！

何かが始まった時間を示すとき、from と at はどう使いわけていますか？　この二つの基本的な違いは、起点を示す from には「終点」があるイメージであるのに対し、at には時間そのものを指す以外の含みがないことです。

✗ The show started from 8 o'clock.

○ The show started at 8 o'clock.
　　　　　　　　　　（そのショーは8時に始まった）
○ The show lasted from 8 o'clock to 10 o'clock.
　　　　　　　　　　（そのショーは8時から10時まで続いた）
○ The show started at 8 o'clock and ended at 10 o'clock.
　　　　　　　　　　（そのショーは8時に始まり、10時に終わった）

前置詞 from はこう使う！

　これらの例文では、from は起点を示すと同時に、それが離れたところにあることも表しています。歌詞の中にもこの用法の from が登場します。

　3行目：one day not far from now　　　（今から遠くないある日）
　10行目：free me from this doubt of mine
　　　　　　　　　　　　　　　　　　（僕を不安から解放してくれ）
　17行目：all the other girls fade away from view
　　　　　　　　　　　　　　　　（ほかの女の子たちは視界から消えていく）
　18行目：they all differ from you
　　　　　　　　　　　　　　　　（彼女たちはみんな君とは違いすぎる）

　最初の一節では、not が入っているので逆の意味になっていますが、from によって「ある日」が「今」と離れていることが表されています。二つ目と三つ目の節は、それぞれ「僕」と「不安」が、「女の子たち」と「視界」が分離するイメージです。最後の一節の動詞 differ は、「（二つの物が）異なる」という意味で、必ずといってよいほど前置詞 from とセットで用いられます。ここでも、from により「彼女たち」と「君」の間に隔たりがあることが表されています。

④ 「原因・根拠」を示す from

　前置詞 from は、原因や根拠を示すために使われる場合もあります。歌に登場する例を見てみましょう。

5-6行目：from the feeling at that moment I knew it must be true　（その一瞬の気持ちで僕は本当に違いないとわかった）

13-14行目：feeling sick from this feeling, from the worry you put me through

（この想いのせいで、君が僕に味わわせた不安のせいで気分が悪い）

19行目：I can't sleep from all this thinking

（考え過ぎて眠れない）

　最初の一節は、from により「違いないとわかった原因」が「その一瞬の気持ち」であることが示されています。二つ目の節は恋の病、あるいは恋わずらいの様子を表していますが、ここでは、from によって、「気分が悪い原因」が「（相手を恋焦がれる）想い」と「不安」であることが示されています。最後の節では、「考え過ぎ」が「眠れない原因」であることがわかります。

　さらにいくつか例文を見てみましょう。

- He was shivering from the cold.　　　（彼は寒さに震えていた）
- I was tired from shopping all day.

（私は一日中買い物をして疲れていた）

　最初の例文では、from によって、「震えている原因」が「寒さ」であることがわかります。二文目では、「疲れていた原因」が「一日中買い物をしていたこと」であるとわかります。

from を使って英会話！

☆ be from...　　　　　　　　　　　　　　　　〜の出身である

A: Where are you from?

B: I'm from Tokyo, but I grew up in the U.S.

A: Aha! No wonder you speak such good English.

A：どちらの出身ですか？
B：東京なんですが、アメリカで育ちました。
A：なるほど！　どうりでそんなに英語が上手に話せるわけですね。

出身地を聞くときは、Where are you from? と聞くのが一般的です。聞いているのは国とは限らないので、特定したい場合は Which country are you from?（どこの国の出身ですか？）や Which city are you from?（どこの街の出身ですか？）などと聞くこともできます。

from here on out — 今度から、今後はずっと

A: From here on out, can you manage this job?
B: I can. Thank you for this opportunity.
A: You are welcome! I think you will do a great job.

A：今度からあなたがこの仕事を管理できる？
B：できます。そんな機会を与えていただいて、ありがとうございます。
A：どういたしまして！　あなたなら素晴らしい仕事ができると思う。

このフレーズは、from here on を強調したものです。同様の意味で from now on もよく使われるので、覚えておきましょう。

from one's heart — 心を込めて、心から

A: Happy Valentine's Day!
B: Happy Valentine's Day to you as well.
A: I'd like to give you this small gift from my heart.

A：バレンタインおめでとう！
B：おめでとう！
A：私の気持ちとして、このささやかなプレゼントを受け取って。

文字どおり「心から」という意味で、「心の底から」という場合は from the bottom of my heart といいます。

from を使って英会話！

☆ *from time to time* ときどき

A: Do you ever think about your childhood?

B: From time to time I do. And you?

A: No, never.

A：子どものころのことを考えることってある？
B：ときどきね。君は？
A：全然。

「ときどき」という言い方は、once in a while、at times、every now and then、by and again、occasionally など、たくさんあります。sometimes 以外の表現も使えると表現の幅がぐっと広がりますね！

☆ *from day to day* 日によって、日々

A: How do you feel these days?

B: It varies from day to day.

A: So, sometimes you feel good, and sometimes you feel bad.

A：最近調子はどう？
B：その日によるかな。
A：じゃあ、良いときもあれば、悪いときもあるんだね。

この表現は、day を year や week に置き換えると、「年々」や「週ごとに」といった意味になります。

165

Exercise

理解度チェック問題

1 以下の例文のうち、from の使い方が正しいものには○、間違っているものには×を付けてみましょう。

1. She enjoys looking from the pictures of her grandchildren.

2. From a distance, the building looks very small.

3. She will be here from 20 minutes.

4. I want to move far away from home.

5. His dream is to sail from the ocean.

6. From tonight on, I am going to study three hours a day.

7. I am the president from the company.

8. The company suffered from bad management.

9. This is a gift from my heart.

10. I can hear the rain falling from the roof.

Exercise **from**

理解度チェック問題

2 次の 1〜4 と同じ from の使い方をしている例文を、a〜d の中から選んでみましょう。

1. The bus leaves from San Francisco every morning at 8 a.m.

2. He got sick from the motion of the boat.
3. The criminal fled from the police.
4. The teacher received a gift from her students.

> a. The water was poisoned from all of the pollution.
> b. I got an e-mail from Jane last night.
> c. I adopted my dog from the shelter on Park Street.
> d. Pregnant women should keep away from alcohol.

Answers

理解度チェック問題 1

こたえ

1. ✗ 「彼女は孫の写真を見るのを楽しんでいる」 最も適切なのは at です。for も文法的には可能ですが、「彼女は孫の写真を探すのを楽しんでいる」という意味になってしまうので、考えにくいでしょう。(for の使い方は 176〜184 ページで解説しています)

2. ○ 「遠くから見ると、そのビルはとても小さく見える」

3. ✗ 20 分は特定の時間ではなく、時間の長さなので from は使えません。最も一般的なのは in で「彼女はあと20分でここに着く」、within も近い意味で「彼女は20分以内にここに着く」という意味になります。for を使うと「彼女はここに20分間いるだろう」という意味になります。(for の使い方は 176〜184 ページで解説しています)

4. ○ 「私は家から遠く離れたところに移りたい」

5. ✗ 「彼の夢は海を横断することだ」 この文では「海から」航海することはできないので、正しくは across です。

6. ○ 「今晩からは一日3時間勉強する」

7. ✗ 「私はその会社の社長だ」 「〜の」という場合は from を使うことができません。正しくは of です。

8. ○ 「その会社は経営不良に苦しんだ」

9. ○ 「これは私の心からの贈り物です」

10. ○ 「屋根から雨が落ちるのが聞こえる」

Answers

理解度チェック問題 2

こたえ

1. c 　1:「そのバスは毎朝午前8時にサンフランシスコを発つ」　c:「私の犬はパーク通りの保護施設から引き取ってきた」　1 と c の from はそれぞれ「出発する」「引き取る」という動作の始点を示しています。

2. a 　2:「彼は船の動きのせいで吐き気をもよおした」　a:「その水は大量の汚染物で汚染された」　from はともに原因を示しています。

3. d 　3:「その犯罪者は警察から逃亡した」　d:「妊婦はアルコールを避けた方が良い」　from はともに遠ざかるイメージで、分離・距離を表しています。

4. b 　4:「その教師は生徒たちからプレゼントをもらった」　b:「私は昨夜ジェーンからメールを受け取った」　from はともに抽象的な意味での「起源」を示しています。

前置詞
for

曲：For Days, for Years, Forever
（いつまでも永遠に）

Track 8

Karaoke Track 17

For Days, for Years, Forever

歌詞はこちら！

track 08/ track 17 (カラオケ)
日本語訳は次のページ！

well now that we're together, girl
I've got some news for[1] you
I've been looking for[2] the words
that I should use

5　I've searched for[4] years but no one
could substitute for[1] you
for[4] days, for[4] years, forever
I love you

working every day for[2] money
10　for[2] the presents I give you
working hard for[2] your affection
it's true

when I met you for[6] the first time
I knew it for[7] the truth
15　for[4] days, for[4] years, forever
I love you

for[8] those days when I was younger
I was scared to fall for[1] you
dropping everything and running for[2] my life

20　but things changed for[5] the better
I know it for[7] the truth
for[4] days, for[4] years, forever

I love you

people know you for[3] your beauty
but I know that you're kind
helping others
but not caring for[1] yourself

well you can leave that part for[1] me, girl
and I'll take care of you
for[4] days, for[4] years, forever
I know we'll be together
for[4] days, for[4] years, forever
I love you

*　歌詞内の for に付いている番号は、176〜184ページで解説している「for の種類」に対応しています。

曲の背景

For Days, for Years, Forever はこんな歌！

「この人と一生一緒にいたい」　好きな人ができても、そこまでの決意をするには勇気がいりますよね？　ほかの選択肢がなくなるだけでなく、そうと決めたからには、関係を維持するために払わなければならない犠牲も出てきます。この歌の主人公は、運命の相手に出会い、うまくいかないかもしれないという不安を乗り越えてきました。そして、出会いから何年もたった今、確信を持って「ずっと一緒にいてほしい」と呼びかけています。

日本語訳
いつまでも永遠に

やっと一緒になれたから、ガール
君に知らせたいことがある
言葉を探し続けていたんだ
どれを使うべきか

何年も探したんだ、でも誰も
君に代わる人はいなかった
何日も、何年も、永遠に
愛してる

来る日も来る日もお金のために働いている
君へのプレゼントのために
君から愛してもらうためにわき目もふらずに働いている
本当さ

君に初めて会ったときに
ホントだってわかったんだ
何日も、何年も、永遠に
愛してる

若かったあのころは
君に恋するのが怖くて
すべてを放り出して死にもの狂いで逃げていたから

でももう変わった
ホントだってわかるんだ
何日も、何年も、永遠に

愛してる

君の美しさはみんな知ってる

だけど僕はわかってる、君の優しさを

人を助け

わが身はかえりみないってことを

そう、そこは僕に任せておくれよ、ガール

僕が君を守るよ

何日も、何年も、永遠に

僕らが一緒だろうってわかるんだ

何日も、何年も、永遠に

愛してる

知ってましたか？こんな名曲にも for が！

All I Want for Christmas Is You
Mariah Carey
マライア・キャリー

「メリー・クリスマス」

1994年に連続ドラマ「29歳のクリスマス」の主題歌に起用されて日本でも大ヒットし、今では定番となったポップなクリスマス・ソング。マライア自身が作詞した歌詞の内容は、タイトルのとおり「クリスマスに欲しいものはあなただけ」というもの。

前置詞 *for* はこう使う!

前置詞 for は主に、①「受益」、②「目的」、③「理由」を示すために使われます。また、④「継続時間」や⑤「目的地・方向」を示すほか、⑥「時間を限定」したり、⑦行動の「属性」を示したりします。また、前置詞のほか、⑧接続詞としての用法もあります。

①「受益」を示す for

前置詞 for は、行為の恩恵を受ける人や物を示します。

▸ I cooked dinner for my girlfriend.

(僕は彼女のために夕飯を作った)

▸ The soldier died for his country.

(その兵士は祖国のために死んだ)

for は、最初の例文では僕が料理をすることで恩恵を受ける「彼女」を、二文目では兵士の犠牲により恩恵を受ける「祖国」を示しています。

for はまた、単に行動の受け手を表すために使われることもあります。今回の歌「For Days, for Years, Forever」の歌詞を見てみましょう。

2行目: I've got some news for you　　(君への知らせがある)
5-6行目: no one could substitute for you

(君に代われる人はいなかった)

前置詞 for はこう使う！ ➡ ★

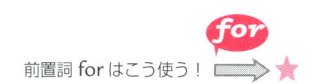

18行目：I was scared to fall for you　　（君に恋するのが怖かった）
27行目：not caring for yourself　　（自分自身の面倒は見ない）
28行目：you can leave that part for me
　　　　　　　　　　　　　　　　（その部分は僕に残してくれてていい）

　最初の一節では、「君」は知らせを受けることにより何らかの恩恵を受けるわけではありませんが、for を使うことにより、知らせの受け手が君であることが示されています。二つ目の節も同様に、代わる対象が「君」であることがわかります。三つ目の節の fall for ... は「〜と恋に落ちる」という意味ですが、ここでも for によって恋に落ちる対象が示されています。四つ目の節では面倒を見るという行為の受け手が「自分自身」であることが示されています。最後の節では残す対象が「僕」であることがわかります。

②「目的」を示すfor

　for の一般的な用法には、行動の目的を表すというものもあります。今回の歌にはこの用法の for がたくさん出てきます。

3行目：I've been looking for the words　　（僕は言葉を探してきた）
9-10行目：working every day for money, for the presents I
　　　　　give you
　　　　　　　　　（毎日お金のために、君へのプレゼントのために働いて）
11行目：working hard for your affection
　　　　　　　　　　　　　　　　（君の愛のために一生懸命働いて）
19行目：running for my life　　　　　　（僕の命のために逃げて）

ここでは、前置詞 for を使って、それぞれの行動が取られた目的が説明されています。最初の一節では、「探す（look）」という動詞と、その対象である「言葉」が for によって結び付けられています。二つ目と三つ目の節では、for により、「働く」ことの目的がそれぞれ「お金」と「プレゼント」、そして「愛情」であることが示されています。最後の節では、「自分の命のために逃げる」、つまり死にもの狂いで逃げている様子が表されています。ほかの例も見てみましょう。

▸ I gave him a watch for his birthday.
（私は彼の誕生日に時計をあげた）
▸ We collected wood for the fire.
（私たちはたき火のために薪を集めた）

　これらの例文でも、for により行動の目的が示されていますが、どの文も for 以下がなくても完全な文になること、そして、for 以下の部分（前置詞句）は文の途中には移動できないことに注意してください。

✗ I gave for his birthday him a watch.
✗ We collected for the fire wood.

　for の前置詞句の内容を強調したい場合は、文頭に置くこともできますが、その内容が明白なときは、やや奇妙な文になります。

○ For his birthday, I gave him a watch.

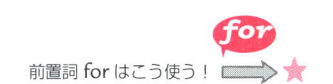

? For the fire, we collected wood.

③ 「理由」を示すfor

前置詞 for はまた、理由を表す場合もあります。

24行目：people know you for your beauty

（世間では君は美しさで知られている）

この一節では、for により、知られていることの理由が「美しさ」であることが説明されています。ほかの例も見てみましょう。

▸ He left the company for personal reasons.

（彼は個人的な理由から退社した）

▸ The actress was arrested for DUI.

（その女優は飲酒運転で逮捕された）

最初の例文では文字どおり「個人的な理由」が、退社の理由となっています。二文目の DUI は driving under the influence の略で、酒や麻薬の影響下での運転を指しますが、for により、それが逮捕の理由であることが示されています。

④ 「継続時間」を示すfor

前置詞 for が時間表現とともに使われる場合は、通常、継続時間を示します。

▸ We will be in Japan for two months.

　　　　　　　　　　　　　（私たちは日本に2ヵ月間いる予定だ）

▸ She was in the bathroom for 20 minutes.

　　　　　　　　　　　　　（彼女は20分間トイレにいた）

　for は、最初の文では「2ヵ月間」、二文目では「20分間」という、行動の継続時間を表しています。歌の歌詞でも見てみましょう。

7-8行目：for days, for years, forever I love you

　　　　　　　　　　　　　（何日も、何年も、永遠に、愛してる）

　歌のタイトルにもなっているこの一節では、おおよその時間が挙げられており、はっきりした数字はありません。このような場合にも for を使って継続時間を表すことができます。

⑤「目的地・方向」を表すfor

前置詞 for はまた、目指す行き先や方向を示すためにも使われます。

▸ We are headed for Paris.　　（私たちはパリへ向かっている）
▸ The plane is leaving for China.

　　　　　　　　　　　（飛行機は、中国に向けてたとうとしている）

▸ He set out for Tokyo at 6 a.m.

　　　　　　　　　　　（彼は午前6時に東京に向けて出発した）

前置詞 for はこう使う！

　for を使う文の重点は、明確な場所に到達することではなく、大まかな方向に向かうことに置かれているので、ともに使える動詞や熟語は、明確な場所への移動を示さないものだけです。例えば、次のような文は間違いです。

　✗ We are going for New York.
　✗ They moved for Alaska.

　go や move は、動作動詞ですが、明確な目的地に到達するというニュアンスが含まれています。これは、for が持つ「大まかな方向を示す」というニュアンスと矛盾するので、for ではなく to を使います。

　○ We are going to New York.　　（私たちはニューヨークに行く）
　○ They moved to Alaska.　　　　（彼らはアラスカに引っ越した）

　では、for も to も使える動詞の場合は、どうでしょう？　次の二つの文を比較してみてください。

　▸ We are headed to New York.
　　　　　　　　　　（私たちはニューヨークへ行くつもりだ）
　▸ We are headed for New York.
　　　　　　　　　　（私たちはニューヨークへ向かっている）

　to は暗に話し手が行き先に到着したことを示すので、最初の文にはニューヨークに着くというニュアンスが含まれています。これ

に対し、二文目では、単にニューヨークの方向に向かっていると述べているだけで、実際にニューヨークに到着するかどうかはわかりません。

歌の歌詞でも見てみましょう。

20行目：things changed for the better　　　　（状況は好転した）

この一節では、the better（より良い何か）という抽象的な目的の方向に向かうことが表されています。change for the better [worse]（好転する［悪化する］）は慣用表現なので、決まった言い回しとして覚えておくと良いでしょう。

⑥ 時間を限定するfor

前置詞 for は、時間を限定し「〜について」「〜に関しては」という意味を表す場合もあります。

13行目：when I met you for the first time
　　　　　　　　　　　　　　　　　　（僕が君に初めて会ったとき）

歌に登場するこの一節では、for が使われていることにより、何度も会ったうちの最初の一回について言及していることがわかります。この用法の for を使った例としては、ほかにも次のような文があります。

前置詞 for はこう使う！

▸ They hugged each other and said goodbye for the last time.　（彼らは抱擁を交わし、最後の別れを告げた）
▸ Let's call it quits for the day.　（今日のところは終わりにしよう）

　最初の文では、for によって、彼らが何度か別れのあいさつをしており、ここではその最後の一回について述べていることがわかります。二文目の call it quits は「終わりにする」という意味の口語表現ですが、for により、ただ終わらせるのではなく、「今日に限って」終わらせようとしていることがわかります。

⑦「属性」を示すfor

for は、人や物の属性を表す場合もあります。

▸ Because of her short hair, he took her for a man.
　　　　　　（彼女は髪が短かったので、彼は彼女を男性と見なした）

　この例文では、for により「彼女」と「男性」が結び付けられており、主語である彼は、前者の属性が後者であると認識しています。今回の歌でも見てみましょう。

14行目：I knew it for the truth　　（僕にはそれが真実だとわかった）

　この一節では、for により、「それ」と「真実」が結び付けられており、前者の属性が後者であることが表されています。

⑧ 接続詞のfor

　for には、前置詞のほか、接続詞としての使い方もあります。この for は、because と同様に、理由を表す「〜なので」「〜だから」という意味ですが、硬い言い回しなので会話表現ではあまり使われません。

17-18行目：for those days when I was younger, I was scared to fall for you

（若かったあのころは君に恋するのが怖かったから）

　ここでは、この後に続く部分とあわせて、歌い手が自分の気持ちを確信した理由が説明されています。

for を使って英会話!

☆ if it weren't for... もし〜がいなかったら

A: You saved my life!

B: Don't exaggerate. I just helped you a little.

A: No. **If it weren't for** you, I wouldn't be alive now.

A：君は命の恩人だよ！
B：そんな大げさな。ちょっと手伝っただけだって。
A：いや。もし君がいなかったら、僕は今ごろ生きてないよ。

この表現は、実際にはあったことや、いた人について「もし〜がいなかったら」「もし〜がなかったら」と想像して話すときに使う表現です。文法的には正しくありませんが、今では if it wasn't for ... という言い方も一般的です。

all for...   〜に大賛成で、〜を全面的に支持して

A: Can I go to the rock concert with my friends?

B: I'm **all for** you having fun with your friends, but I'd feel better if you went somewhere safer.

A: Oh, Mom. You worry too much.

A：友達と一緒にロック・コンサートに行っていい？
B：あなたがお友達と楽しむことには大賛成だけど、
　　もっと安全な場所に行ってくれた方が気が楽だわ。
A：えー、母さん。心配し過ぎだって。

---

for ... だけでも「〜に賛成で」という意味になりますが、all が付くことで、それがさらに強調されています。

for now   今のところは

A: Any big plans for the future?

B: **For now**, I am just worried about tomorrow. I can't think long term.

A: I understand.

A：何か将来に向けた大きな計画は？
B：今はとにかく明日のことが心配で。長期的なことは考えられないの。
A：わかるよ。

この例文のような状況で、「今は」というとき、now とだけ言うこともできますが、for を付けることで、それが「差し当たり」の状況であることが、よりはっきり伝わります。似た表現に at the moment や右ページの for the time being があります。

forを使って英会話！

⭐ *for the time being*　　　当面の間は

A: What are you waiting for?

B: For the time being, we're waiting to see if they get married or not.

A: I get it. If they get married, then you will move to be closer to them.

A：何を待ってるの？
B：差し当たり、彼らが結婚するかどうか待ってるの。
A：なるほど。もし二人が結婚したら、もっと二人の近くに引っ越すんだね。

for now と似た表現で、同じように使われる場面も多々ありますが、こちらの方がやや「当面」と、時間的な幅があるニュアンスです。I get it. の get は「わかる」という意味で、Did you get it?（わかった？）など、会話でよく使われるので、覚えておきましょう。

⭐ *for your sake*　　　あなたのために

A: Oh, my goodness! What a disaster. Look what I've done.

B: For your sake, I hope no one was hurt.

A: So do I.

A：うわあ！　大惨事だ。なんてことしちゃったんだろう。
B：誰もけがしてないといいね。
A：そうだね。

for A's sake は「A のために」という意味で、for your sake は相手への同情を表す表現です。for A's sake という形の表現には、ほかにも for convenience' sake（便宜上）、for God's [pity's / goodness] sake（どうか、お願いだから）、for old times' sake（昔のよしみで）などがあります。

Exercise

理解度チェック問題

1 以下の例文のうち、for の使い方が正しいものには○、間違っているものには×を付けてみましょう。

1. He is hoping for a new car. _____

2. I bought for my birthday a new computer. _____

3. The jet is headed for Tokyo. _____

4. The tickets cost for $400. _____

5. For each sentence, state whether it is true or false. _____

6. He's a nice guy for a policeman. _____

7. The players headed to Beijing for the Olympics. _____

8. Someone telephoned for you while you were at lunch. _____

9. Last week, I broke my leg for the second time. _____

10. He is coming for my house. _____

Exercise

理解度チェック問題

2 次の 1〜7 と同じ for の使い方をしている例文を、a〜g の中から選んでみましょう。

1. I bought a beautiful scarf for my mother. ＿＿＿
2. The immigrants are headed for America. ＿＿＿
3. The gate is closed at night for security reasons. ＿＿＿
4. It is not perfect, but it is good enough for now. ＿＿＿
5. We bought ice cream for the party. ＿＿＿
6. Please watch my children for five minutes. ＿＿＿
7. He looks so young that he can pass for a teenager. ＿＿＿

a. She saw the movie for the first time in 20 years.
b. She slept for such a long time that her neck hurt.
c. His sister is often mistaken for his wife.
d. He saved a seat for his friend in psychology class.
e. The town is famous for its white sand beach.
f. The train is leaving for Tokyo in 12 minutes.
g. The doctor gave him aspirin for his headache.

Answers

理解度チェック問題 1

こたえ

1. ○ 「彼は新しい車を望んでいる」

2. ✗ 「私は誕生日に新しいコンピューターを買った」 前置詞句を間に入れて目的語と動詞を切り離すことはできないので、正しくは語順を変えて I bought a new computer for my birthday. です。

3. ○ 「そのジェット機は東京に向かっている」

4. ✗ 「そのチケットは400ドルする」 cost という動詞は直接目的語を取るので for は不要です。

5. ○ 「各文について、正しいか誤っているか答えなさい」

6. ○ 「彼は警察官にしては良いやつだ」

7. ○ 「選手たちはオリンピックのため北京に向かった」

8. ○ 「あなたが昼食に出ている間にあなたあての電話がかかってきた」

9. ○ 「先週、二回目の骨折をした」

10. ✗ 「彼は私の家にやってくる」 場所を表す for は come のような正確な行き先を示す動詞とともには使えないので、正しくは to です。

理解度チェック問題 2

こたえ

1. d　1：「私は母にきれいなスカーフを買った」　d：「彼は心理学の授業で、友達に席を取っておいた」　for はともに受益者を示しています。

2. f　2：「その移民たちはアメリカに向かっている」　f：「その電車はあと12分で東京に向けて出発する」　for はともに向かっている行き先を示しています。

3. e　3：「その門は、安全上の理由から夜間は閉鎖されている」　e：「その町は白砂のビーチで有名だ」　for はともに理由を示しています。

4. a　4：「完ぺきではないが、今のところは十分だ」　a：「彼女は20年ぶりにその映画を見た」　for はともに時間を制限しています。

5. g　5：「私たちはそのパーティーのためにアイスクリームを買った」　g：「その医者は彼の頭痛のためにアスピリンを渡した」　for はともに行動の目的を示しています。

6. b　6：「5分間、子どもたちを見ていてください」　b：「彼女はあまりに長い時間眠ったので、首が痛かった」　for はともに継続時間を示しています。

7. c　6：「彼はあまりに若く見えるので、ティーンエージャーといっても通用する」　c：「彼の妹はよく彼の妻と間違えられる」　for はともに、文中の人物の属性を示しています。

前置詞

with

曲：With English Vitamin
（新しい旅立ち）

Track 9

Karaoke Track 18

歌詞はこちら！

With English Vitamin

track 09 / track 18（カラオケ）
日本語訳は次のページ！

come with① us now with③ mind wide open
come on, we're leaving with① the sun
with③ no delay, with③ your permission
you'll be happy with⑥ your choice
5　go on a secret mission

though now you struggle with⑥ the words
with② time we'll help your voice be heard

with② every passing second here
we're drawing close, we're getting near
10　we'll find a way so have no fear
we'll help you find your place

(chorus)
with① English Vitamin
we're with① you in this together
join with① people all around the world
15　communicate forever
English Vitamin
we'll leave today for parts unknown
if it's fine with⑤ you then off we'll go
and where we'll stop, nobody's gonna know

20　if you intend to start speaking with⑥ the best of them
with⑤ us, it's crystal clear, you've got to set aside your fears
part with⑥ your cares, call in some favors

194

pack your bags with[④] all your things
leave your worries with[①] the neighbors

25 and though you're feeling sick with[③] doubt
with[⑤] us, I know you'll figure out

with[④] just your voice, good thoughts you'll send
turning strangers into friends
we'll stick with[①] you right to the end
30 let's find a better place

(repeat chorus)

＊ 歌詞内の with に付いている番号は、
198～206ページで解説している
「with の種類」に対応しています。

曲の背景
With English Vitaminはこんな歌！

この歌に込められているのは、この本を作ったイングリッシュビタミンが贈る、英語を学ぶ皆さんへの応援メッセージです。英語を学んでいく中では、なかなか思いどおりに進まなかったり、不安だったりすることもたくさんあることでしょう。でも、あなたは一人ではありません。戸惑いを捨て、あきらめず、一緒に前へ進んでいけば、世界中に友達を作り、未知の世界に飛び出していくことができるはず！
・・・この歌にはそんな思いが込められています。

日本語訳

新しい旅立ち

さあ、僕たちとともに来て、広い心をもって
さあ早く、朝日とともに旅立つんだ
今すぐに、君の許しをもらって
君はその決断を気に入るだろう
ひそかなミッションを果たすんだ

今の君は言葉で苦しんでいるけれど
やがて君の声がわかってもらうよう手伝うよ

こうして一秒一秒過ごすごとに
僕たちは近づいている、近くなっている
何とかなるから恐れないで
君が居場所を見つけるのを手伝うよ

（※）
イングリッシュビタミンとともに歩こう
僕たちはこの旅のあいだ君とともにいるのさ
世界中の人に加わって
いつまでもコミニュケーションしていよう
イングリッシュビタミン
僕たちは今日旅立つのさ、見知らぬどこかへ向けて
君さえよければさあ行こう
僕らがどこで立ち止まるかは誰にもわからないだろう

君に最高な人たちと話したいって気持ちがあるのなら
僕たちにはとてもはっきりしている、恐れを捨てなくちゃダメさ
気がかりに別れを告げて、真心を求め入れて

すべての持ち物をカバンに詰めて
憂いは隣に置き去りにしよう

大丈夫かなと気持ち悪くなったって
僕たちといればわかるだろう

声だけで優しさを送れるのさ
見知らぬ人を友に変え
僕たちは終わりまで君のそばを離れない
もっとステキなどこかを見つけよう

（※　くり返し）

知ってましたか？こんな名曲にも with が！

With or Without You
U2
ユーツー

1987年に大ヒットした、アイルランドのロックバンドU2の代表曲の一つ。タイトルにもなっている「あなたとともにも、あなたなしでも生きていけない」という歌詞の「あなた」が指す相手については、恋人、観客、キリストなど、さまざまな解釈があります。言葉は少ないながらも奥深い歌詞です。

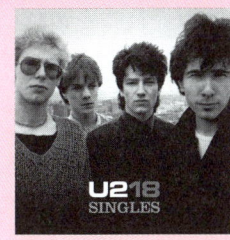

「ザ・ベスト・オブU2 18シングルズ」

前置詞 with はこう使う！

前置詞 with の基本的なイメージは、「〜と一緒に」です。主に①「同伴」や「一体であること」を示すのに使われますが、そこから発展して、②「比例」、③「態度や状態」、④「手段や材料」、⑤「関係」、⑥「対象」などを示す場合もあります。

①「同伴」を示す with

前置詞 with の基本的な意味は、同伴・共同です。with には副詞的用法はないので、後ろには必ず名詞句が続き、単独では存在できません。

✗ I went with.
○ I went with my brother.　　　　（私は兄と一緒に行った）

今回の歌「With English Vitamin」でも見てみましょう。

1行目： come with us now　　　　（さあ、僕たちと一緒に来て）
2行目： we're leaving with the sun
　　　　　　　　　　　　　　（僕たちは太陽とともに旅立つんだ）
13行目： we're with you in this together
　　　　　　　　　　　　　　（僕たちは君と一緒にやるんだ）
14行目： join with people all around the world
　　　　　　　　　　　　　　（世界中の人に加わって）
24行目： leave your worries with the neighbors
　　　　　　　　　　　　　　（不安は隣人のもとに置いていこう）

前置詞 with はこう使う！ ★★ with

29行目：we'll stick with you right to the end
　　　　　　　　（僕たちは最後の最後まで君と一緒にいる）

　これらの with はすべて「〜と一緒に」「〜とともに」という、最も基本的な意味で使われています。二つ目の節の下線部は、文字どおり「太陽と一緒に」出かける、という意味にも、「日の出と同時に」出かけるという意味にも解釈することができます。

　with は、「〜と一緒に」という意味が発展して、「〜が付いた」「〜を持った」という意味で、付加的な特徴を示すために使われる場合もあります。いくつか例を見てみましょう。

▸ The hat with the ribbon looks nice.
　　　　　　　　　　　　（あのリボン付きの帽子はすてきだ）
▸ A car with air-conditioning costs more than one without it.　　　　（エアコン付きの車はそうでない車より高い）
▸ The man with the Southern accent is from Texas.
　　　　　　　　　　　（あの南部なまりのある男性はテキサス州出身だ）

　最初の例文と二文目では、それぞれ帽子に「リボン」、車に「エアコン」という付加的な物が付いています。最後の例文では、男性と彼の言葉の「なまり」を結び付けるために with が使われています。このように、with は物だけでなく、形のない特徴についても使うことができます。

　もう一つの発展形として、with は組織への所属・勤務を示す場

合もあります。次の二つの文を比べてみてください。

- The man works for the government.
- That man is with the government.

　上記の文は、両方とも「あの男性は政府で働いている」という意味ですが、前者は「政府のために」働いている、つまり、どちらかというと雇われているイメージです。これに対し、後者は「男性」と「政府」がともにあるイメージなので、この男性はある程度の権限を持ち、政府を代表するような立場にあることがわかります。

②「比例」を示す with

「一体感」の概念が発展し、with は比例を示す場合もあります。

7行目：with time we'll help your voice be heard
　　　　　　　（やがて君が意見を言えるように僕たちが手伝おう）
8-9行目：with every passing second here we're drawing close
　　　　　　　（僕たちはここでの一秒ごとに近付いている）

　最初の一節の with time は「時とともに」という意味です。二つ目の文でも、より具体的に「秒」という単位を使って、同じメッセージを伝えています。

前置詞 with はこう使う！　★★

③「態度・状態」を示すwith

　with で始まる前置詞句を使って、文中の行為がどのような態度をもって行われたかを示す場合もあります。いくつか例を見てみましょう。

- He watched the girl <u>with sympathy</u>.
（彼は同情を込めてその少女を見た）
- I remember my life <u>with regret</u>.
（私は後悔をもって人生を振り返る）

　上記の二つの文では、それぞれ「同情」と「後悔」という気持ちをもって、「見る」と「振り返る」という行為が行われています。この用法の with の後には、抽象名詞が続くことに注意してください。

　歌にもこのような with を使った一節が登場します。

2-3行目：we're leaving with the sun <u>with no delay</u>, <u>with your permission</u>
（遅れることなく、君の同意を得て、太陽とともに旅立つんだ）

　この例では、with によって、旅立つ際の態度が「遅れず」「同意を得て」と、二とおり示されています。では、次の一節はどうでしょうか？

1行目：come with us now with mind wide open

　　　　　　　　　　　（オープンな心で、さあ、一緒に来て）

　ここでは、「来て」という行為が「オープンな心をもった」態度で行われるという状況を表していますが、mind という名詞が wide open という形容詞に修飾されている形です。

　これに似た、ほかの例も見てみましょう。

- He sat there with his legs crossed.
　　　　　　　　　　（彼は脚を組んでそこに座っていた）
- Put the jar in the fridge with the lid tightly closed.
　　　　　　　　（ふたをきつく閉めてそのビンを冷蔵庫にしまいなさい）

　最初の文の with は、「座る」という行為が「脚を組んだ」状態で行われることを示しています。二文目の with は、「ビンをしまう」という行為が「ふたをきつく閉めた」状態で行われることを示しています。この二つの文では、with に続く名詞がその後の語句の意味上の主語になっているのが特徴的です。

　with はまた、原因を表す場合もあります。

25行目：you're feeling sick with doubt　（君は懸念で気分が悪い）

　この一節では、with により「懸念」が「気分が悪い」原因であることが示されています。

④「手段・材料」を示すwith

　with で始まる前置詞句は、「〜を使って」という意味で、手段を示すのにもよく使われます。

- I examined the sample with a microscope.
  　　　　　　　　　　　　　　　（顕微鏡でサンプルを調べた）
- He ate his dinner with chopsticks.（彼ははしで夕食を食べた）
- The illness can be cured with medicine.
  　　　　　　　　　　　　　　（その病気は薬で治すことができる）

　上記の例文では、それぞれ with に続く「顕微鏡」「はし」「薬」が「〜によって」という、道具や手段を表しています。歌にもこの用法の with が登場します。

　27行目：with just your voice, good thoughts you'll send
　　　　　　　　　　　　　　　（声だけで君は善意を送れるだろう）

　この一節では、with により、「声」という手段を使って善意を送ることが示されています。

　withは、文の内容によっては材料や中身を示す場合もあります。

　23行目：pack your bags with all your things
　　　　　　　　　　　　　　　（持ち物を全部カバンに詰めて）

この一節では、with によりカバンの中身が示されていますが、all your things（すべての持ち物）によってカバンをいっぱいにする、というイメージは手段を示す with と共通しています。

⑤「関係」を示す with

with は文の主題を示すために使われることもあります。

- With Mom, everything is an emergency.
（ママにとっては何でも緊急事態だ）
- What is wrong with you?　　　（どうしたのですか？）

上記の例文で、with は「～について」「～に関して」という意味

日本人はここを間違えやすい！

　前置詞 with には「手段」を表す役割もありますが、交通手段については使えません。

✗ I went to Osaka with bus.
◯ I went to Osaka by bus.　　　（バスで大阪に行った）

✗ He traveled with horse across the desert.
◯ He traveled by horse across the desert.
（彼は馬で砂漠を横断した）

　上記の例文では、それぞれ「バス」と「馬」が交通手段を示しています。このような場合は with ではなく、by を使いましょう。

前置詞 with はこう使う！ ★★

で、最初の文では「ママを話題にしている」ということ、二文目では「あなたについて」聞いているということを示しています。歌の歌詞でも見てみましょう。

18行目：if it's fine with you then off we'll go
(君さえ良ければさあ出発だ)
21行目：with us, it's crystal clear (僕たちには、はっきりしている)

最初の一節では、「君について」、もしよければ出発する、と言っていることがわかります。二つ目の節も、最初の一節と同じパターンで、with により「僕たちについていえば」ということが示されています。

⑥「対象」を示すwith

with は感情や行為の対象を示す場合もあります。

▸ He is in love with her. (彼は彼女に恋している)
▸ My brother became angry with my father.
(兄は父に腹を立てた)

この二つの例文では、with により感情の対象が示されています。このような文の特徴は、連結動詞の後に感情形容詞が続くことで、

［連結動詞］ + ［感情形容詞］ + with + ［感情の対象］

という形になっています。例えば、最初の文の連結動詞は be で、with により恋している対象が「彼女」であることがわかります。二文目の連結動詞は become で、with により兄が腹を立てた対象が「父」であることがわかります。歌にもこの用法の with が登場します。

> 4行目：you'll be happy with your choice
> 　　　　　　　　　　　　　　（君は自分の選択に満足するだろう）

この一節では、満足する対象が「自分の選択」であることがわかります。

withはまた、感情ではなく行為の対象を示す場合もあります。

> 6行目：you struggle with the words （君は言葉に四苦八苦している）
> 20行目：if you intend to start speaking with the best of them　　　　（もし君が最高の人たちと話し始めるつもりなら）
> 22行目：part with your cares　　　　（心配な気持ちとは別れて）

最初の一節では、四苦八苦している対象が「言葉」であることがわかります。二つ目の節では、話し始める対象が「最高の人たち」であることがわかります。最後の節でも、別れる対象が「心配な気持ち」であることが with によって示されています。

withを使って英会話!

with A's help　　Aの助けがあれば

A: Is this homework hard for you?

B: It is, but with your help I can finish it.

A: I am glad I can help.

A：この宿題、君には難しいかな？
B：難しいけど、あなたが手伝ってくれれば終わらせられる。
A：手伝えてうれしいよ。

---

help は「助ける」という動詞だけでなく、このように名詞として使うことも多々あります。この表現でも、help は「手伝い」から「援助」「支援」まで、幅広い意味を持ちます。

keep up with... 　　〜に遅れずについていく

A: I'm thinking of cutting back on my soccer practice.

B: Really? Why?

A: I need more time to study because I'm having difficulty **keeping up with** my classes.

A：サッカーの練習を減らそうと思ってる。
B：本当に？　どうして？
A：あんまり授業についていけてないから、もっと勉強する時間が必要なんだ。

この表現は物理的なものについても、抽象的なものについても使われます。これを使った表現に、あるマンガが元になった keep up with the Jones という表現がありますが、これは直訳すると「ジョーンズ家に負けるな」で、今では「世間の流行に遅れを取らない」という意味で一般的に使われています。

with or without... 　　〜があろうとなかろうと

A: I changed my mind. I'm not going to the movie.

B: That's fine. I'm going **with or without** you, so I don't mind.

A: Well, have fun then.

A：気が変わったの。映画には行かない。
B：いいよ。僕は君が行っても行かなくても行くから、かまわないよ。
A：じゃあ、楽しんできてね。

この表現は、with とその逆の意味を持つ without（〜なしに）と対で使うことで、「〜の有無にかかわらず」という意味になります。

with を使って英会話！ ★★

be with... 〜の話を理解している

A: Do you understand what I'm saying?

B: Yes, I'm with you.

A: Great, then I'll continue.

A：私の言ってること、わかりますか？
B：ええ、わかります。
A：よかった、では続けます。

be with ... は「〜と一緒にいる」という意味から発展して、「〜の話についていっている」、つまり「〜の話を理解している」という意味でも使われます。文脈によっては、against の反対、つまり「〜に賛成している」という意味になります。

live with... 〜を抱えて生きる

A: Living with HIV must be so hard.

B: I bet it is. Thank goodness for all the new medications.

A: Yeah. These days you can have HIV and still live a pretty normal life.

A：HIV を抱えて生きるのは本当に大変だろうね。
B：そうだね。いろいろと新しい薬ができてよかったね。
A：うん。最近では HIV があってもかなり普通の生活を送れるからね。

live with ... は文字どおり「〜とともに暮らす」という意味で、「（病気など）を抱えて生きる」という意味でも使われます。また、文脈によっては「（苦痛なこと）をがまんする」という意味にもなるので、覚えておくとよいでしょう。

Exercise

理解度チェック問題

1 以下の例文のうち、with の使い方が正しいものには○、間違っているものには×を付けてみましょう。

1. He opened the door with his keys. _____

2. My girlfriend is angry with me today. _____

3. My cousin went to Hokkaido with motorcycle. _____

4. Their house was destroyed with the earthquake. _____

5. She seems happy with her new car. _____

6. Be careful with those delicate flowers. _____

7. Our class beat the other class with basketball. _____

8. The army trains with the navy sometimes. _____

9. The man with the bad cough should see a doctor. _____

10. My grandparents live with their pension. _____

with

Exercise ★★

理解度チェック問題

2 次の 1 〜 7 と同じ with の使い方をしている例文を、a 〜 g の中から選んでみましょう。

1. She is angry with her boss. _____
2. The thief unlocked the door with a stolen key. _____
3. The former vice-president of the company is now with IBM. _____
4. They went with their cousins to the beach. _____
5. She wants the job with the highest salary. _____
6. The risk of cancer increases with age. _____
7. He did his homework with music playing in the background. _____

a. The car with the big dent is mine.
b. My father has been with the same law firm for six years.
c. He does all his research with a computer.
d. My brother attended the meeting with his boss.
e. Your communication skills will improve with practice.
f. He stood with his hand on his hips.
g. She is happy with her new company because the pay is good.

Answers

理解度チェック問題 1

こたえ

1. ○ 「彼は自分のカギでドアを開けた」

2. ○ 「僕の彼女は今日、僕に対して怒っている」

3. ✕ 「私のいとこはオートバイで北海道に行った」 オートバイは交通手段なので、正しくは by です。

4. ✕ 「彼らの家は地震で破壊されてしまった」 地震は家を破壊した手段や道具ではなく、主体なので、正しくは by を使います。

5. ○ 「彼女は新しい車に満足しているようだ」

6. ○ 「その繊細な花の扱いには気を付けて」

7. ✕ 「私たちのクラスは、バスケットボールでもう一つのクラスを負かした」 バスケットボールはもう一つのクラスを負かした手段ではないので、正しくは in または at です。

8. ○ 「陸軍はときどき海軍と一緒に訓練を行う」

9. ○ 「ひどいせきをしているあの男性は、医者にかかった方がよい」

10. ✕ 「祖父母は年金で暮らしている」 「〜で生活する」「〜で生きる」は live on ... なので、正しくは on です。

理解度チェック問題 2

1. g 1:「彼女は上司に対して怒っている」 g:「給料が良いので、彼女は新しい会社に満足している」 with はともに「怒り」や「満足」といった感情の対象を示しています。

2. c 2:「その泥棒は盗んだカギでドアを開けた」 c:「彼はすべての研究をコンピューターで行っている」 with はともに「〜を使って」という意味で、手段や道具を示しています。

3. b 3:「その会社の元副社長は、今はIBMで働いている」 b:「父は6年間、同じ法律事務所に勤めている」 with はともに「勤務」を表す意味で使われています。

4. d 4:「彼らは、いとこたちとビーチに行った」 d:「兄は上司と一緒に会議に参加した」 with はともに「〜と一緒に」という意味です。

5. a 5:「彼女は最も給料が良い仕事を求めている」 a:「大きなへこみがある車が私のです」 with はそれぞれ「仕事」「車」の付加的な特徴を示しています。

6. e 6:「がんのリスクは年齢とともに高まる」 e:「コミュニケーション能力は練習すれば高まる」 6とeの with はそれぞれ「年齢を重ねるにつれ」「練習を重ねるにつれ」と、比例を示しています。

7. f 7:「彼は後ろで音楽をかけながら宿題をした」 f:「彼は手を腰に当てて立っていた」 with はともに状態を示しており、with に続く名詞がその後の語句の意味上の主語になっています。

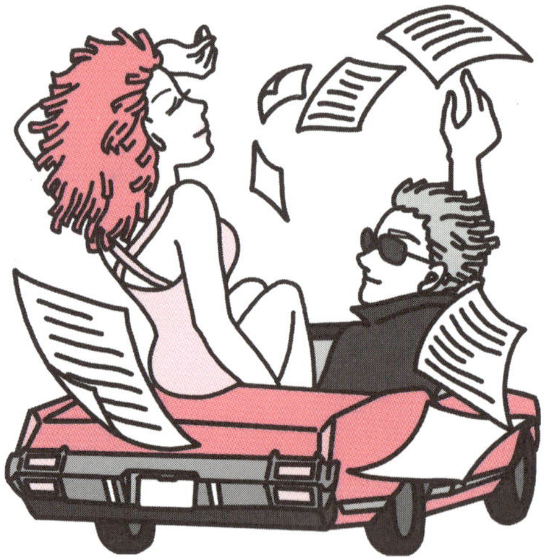

〔著者紹介〕
イングリッシュビタミン(English Vitamin, LLC)
　2003年設立。アメリカ・カリフォルニア州シリコン・バレーにある総合英語学校。駐在員やその家族、研究者、留学生など、現地在住の日本人を対象としたプライベートレッスンを通じて、英語を教えるだけでなく、異文化理解や現地社会への適応をきめ細かくサポートしている。そのほか、インターネットを使ったオンライン・レッスンや英会話のダウンロード教材（すべてiPodテキスト対応、iTunes Music Storeでの販売も開始）も提供しており、体系的で実践的なレッスンが人気。

公式サイト：http://www.englishvitamin.com/

執筆：ジェレッド・バイエシュミット
執筆協力：エレン・ヒグチ
　　　　　ダニエル・バーンスタイン

CD付 これなら忘れない！ 歌って覚える英文法［前置詞編］（検印省略）
2007年2月11日　第1刷発行

著　者　イングリッシュビタミン
発行者　杉本　惇

発行所　㈱中経出版
　　　　〒102-0083
　　　　東京都千代田区麹町3の2　相互麹町第一ビル
　　　　電話　03(3262)0371（営業代表）
　　　　　　　03(3262)2124（編集代表）
　　　　FAX 03(3262)6855　振替 00110-7-86836
　　　　ホームページ　http://www.chukei.co.jp/

乱丁本・落丁本はお取替え致します。
DTP／マッドハウス　印刷／新日本印刷　製本／越後堂製本

Ⓒ2007 English Vitamin, LLC, Printed in Japan.
ISBN978-4-8061-2643-0　C2082

English Vitamin
イングリッシュビタミン

English Vitamin

シリコン・バレーから、
本当のネイティブの英語をお届け。
日本人の弱点を徹底サポート！

Authentic
本物の英語が身につくように

Revolutionary
画期的な技術を駆使し

Exciting
胸を躍らせながら学べるよう

Empowering
あなたの能力を引き出し

Fun
一緒に楽しみながら学ぶことです

Vision
私たちの目指すもの

私たちが目指すのは、若い日本人の皆さんの人生の選択肢を広げることです。
私たちは皆さんのコミュニケーション能力、社交能力、文化適用能力を向上させることを約束します。
私たちは信じています、英語が皆さんを強くすることを。

典型的な生徒像
イングリッシュビタミンはこんな方を対象にしています

★**仕事やプライベートで外国人に言いたい事を伝えたい方**
「海外との会議やメールで話したり書いたりする際に不安が残る。より上手に意思を伝えたい！」

★**仲間を増やしながらアメリカ留学を成功させたい方**
「現地で生活できるだけの適応力・授業についていけるだけの英語力を身に付けたい！」

★**英語が好きな方**
「自らの可能性を高めるために、英語力を伸ばしたい！」

連載中！ イングリッシュビタミン 八巻ルリ子代表　英文誌『English Zone』に好評連載中！「シリコン・バレーから♥をこめて」